Cofio DAI

Cofio DAI

Golygydd
Beti Griffiths

y Lolfa

Argraffiad cyntaf: 2024
© Hawlfraint yr awduron unigol a'r Lolfa Cyf., 2024

Mae hawlfraint ar gynnwys y llyfr hwn ac mae'n anghyfreithlon
llungopïo neu atgynhyrchu unrhyw ran ohono trwy unrhyw
ddull ac at unrhyw bwrpas (ar wahân i adolygu) heb gytundeb
ysgrifenedig y cyhoeddwyr ymlaen llaw

Dymuna'r cyhoeddwyr gydnabod cymorth ariannol
Cyngor Llyfrau Cymru

Cynllun y clawr: Sion Ilar
Llun y clawr blaen: Cymdeithas Amaethyddol Frenhinol Cymru
Lluniau'r clawr ôl: Slam Media

Rhif Llyfr Rhyngwladol: 978 1 80099 550 5

Cyhoeddwyd, rhwymwyd ac argraffwyd yng Nghymru gan
Y Lolfa Cyf., Talybont, Ceredigion SY24 5HE
gwefan www.ylolfa.com
e-bost ylolfa@ylolfa.com
ffôn 01970 832 304

Cynnwys

Cyflwyniad — 8
OLWEN JONES

Rhagair — 9
BETI GRIFFITHS

Nid da lle gellir gwell — 14
YR ATHRO WYNNE JONES

Dai Berthlwyd — 23
EVAN WILLIAMS

Cobyn bywiog Ceredigion — 30
DAI LEWIS

Cyfrinach fawr Dai Jones — 35
CENWYN EDWARDS

Mae ei enw yn ddigon i godi gwên — 40
MARGARET WILLIAMS

Sbort o'r dechre i'r diwedd — 42
JENNY OGWEN

Chwerthin ar y daith IFAN GRUFFYDD	46
Cefn i'r glowyr JOHN PHILLIPS	53
Gwas ffyddlon i gefn gwlad Cymru MEIRION OWEN	58
Dyn y werin, y bonedd a'r gwrêng EVIE JONES	62
Cyfeilio i'r cawr â'r llais arbennig EIRWEN HUGHES	65
Ti, Dai, oedd 'na… LYN EBENEZER	68
Wncwl Dai HUGH TUDOR	72
Y dyn tu hwnt i'r enw NEST JENKINS	75
Dai Llundain, Llangwrddon, Llanilar JOHN MEREDITH	79
'Un drygionus diawchedig!' DAI HARRIS	84
Yr anfarwol Dai Jones CHARLES ARCH	92

Fy arwr Dai Llanilar ALED WYN DAVIES	95
Fydd neb fel Dai GERAINT EVANS	100
Canu oedd ei gariad cyntaf LINDA GRIFFITHS	104
Y dihiryn a drodd yn arwr! NIA ROBERTS	110
Dai *Rasus* GERAINT RHYS LEWIS A JOHN WATKIN	117
Fydd 'na ddim un arall JOHN CWMBETWS DAVIES	125
Gair i gloi BETI GRIFFITHS	132

Cyflwyniad

FEDRWN I DDIM gwrthod dweud gair o gyflwyniad ar gais Beti. Mae Beti wedi bod yn un o'n ffrindiau ym Merthlwyd ers y dyddiau cynnar pan oedd John yn ddisgybl yn Ysgol Llanilar ac yn cael lifft ganddi yn y bore o ben y lôn. Wedi gwyliau'r haf bob blwyddyn byddai yna edrych ymla'n i weld os oedd Miss Griffiths wedi cael car newydd.

Byddai Dai hefyd wrth ei fodd yn ymweld â'r ysgol ac yn mwynhau arwain y Cyngerdd Nadolig, beirniadu Eisteddfod Gŵyl Ddewi neu arwain Cawl y Cylch Meithrin a'r genhinen enfawr ar ei frest. Gwyddai y byddai'r plant yn llawn croeso yn ei ddisgwyl wrth y gât ac o'i gwmpas fel gwenyn am bot mêl.

Diolch i bob un ohonoch sydd wedi cyfrannu at y gyfrol. Cewch glywed storïau diri! Gwerthfawrogaf hefyd bob consyrn a ddangoswyd tuag atom yn ystod ei lesgedd a'r cydymdeimlad adeg ei farwolaeth.

Mwynhewch yr arlwy!

'Daw yn ôl o hyd i ni
Dai a'i gân i'n digoni.'
      Tudur Dylan Jones

Olwen Jones
Mehefin 2024

Rhagair

AR Y PEDWERYDD o Fawrth 2022 a'r gwanwyn yn y tir, syrthiodd derwen gadarn yn Llanilar a'i changhennau yn ymestyn drwy Geredigion a Chymru gyfan. Roedd hi'n dderwen unigryw a rhai o brif lenorion Cymru yn cofnodi'r digwyddiad, fel y soniodd Manon Steffan Ros yn *Golwg* yr wythnos honno:

'Ar y diwrnod mae Dai yn cyrraedd pen y dalar mae'r Cennin Pedr yn penderfynu agor yn llydan a llawen dan y perthi. Mae'r gwanwyn wedi dod a Dai wedi crwydro'n bell dros ael y bryn gan adael y blodau'n wên i gyd ar ei ôl.'

Dechreuodd y daith yng ngogledd Llundain, ei dad yn hanu o Ledrod a Llangwyryfon a'i fam o Dalybont. Mae Gerallt Lloyd Owen ym mhaladr un o'i englynion coffa i Llwyd o'r Bryn yn dweud fel hyn:

'Arweiniaist blant y bryniau, – a rhoddaist
 Ruddin yn eu gwreiddiau.'

RHUDDIN, yr hyn sy'n profi a yw pren yn fyw ai peidio. Roedd yna fwrlwm a bywiogrwydd yn perthyn i Dai na wnaeth erioed bylu. Dai oedd yr hynaf o dri o blant ac mae Trefor a Glenys, y brawd a'r chwaer, yn parhau i fyw yn Llundain. Dychwelyd at y gwreiddiau wnaeth Dai i Langwrddon, fel y gelwir y pentref ar lafar gwlad, a chael magwraeth ddelfrydol gan Wncwl Morgan ac Anti Hannah ar fferm Tyncefen. Bu Capel Tabor, yr ysgol Sul a'r Cwrdd Bach yn allweddol yn ei wead pan yn ifanc.

Un o'i raglenni olaf ar *Cefn Gwlad* oedd yr un ohono yng nghwmni Syr Bryn Terfel. Dyma ddau artist wedi cyrraedd y brig heb anghofio eu gwreiddiau. Roedd un yn parchu'r llall ac yn morio canu wrth deithio yn y car a'r ddau yn cydnabod eu dyled i'r cyfleoedd a gafwyd pan oeddent yn ifanc. Do, plannwyd y rhuddin yn ddiogel.

Priododd Dai ac Olwen yng nghapel Carmel Llanilar ar y dydd Sadwrn trannoeth i drychineb Aberfan. Y Parchedig J D Jones, ewythr Olwen, oedd yn gwasanaethu ac Ifor Lloyd oedd y gwas priodas. Yn bendant, fe lwyddodd Dai wrth ennill Olwen, y weithwraig ddiwyd a di-ffws a fu'n gefn cadarn iddo hyd yr awr olaf a Dai yn gwerthfawrogi hynny. Roedd y ddau ar yr un donfedd.

Crwydrodd Dai Eisteddfodau'r wlad a chreu ffrindiau ble bynnag yr âi. Cyrhaeddodd y brig yn 1970 drwy ennill y Rhuban Glas yn Eisteddfod Genedlaethol Rhydaman a Chanwr y Byd yn Eisteddfod Ryngwladol Llangollen. Tipyn o gamp!

Er iddo gyrraedd y brig, nid anghofiodd ei wreiddiau. Byddai'n dod yn flynyddol i gloriannu Eisteddfod Ysgol Llanilar a'i genhinen anferth ar ei frest. Byddai'r plant yn ei ddisgwyl wrth y gât a phob un â rhyw stori i'w dweud wrtho. Gallech gredu bod y Pibydd Brith wedi cyrraedd.

Roedd yn gyfathrebwr penigamp ac mae ein dyled yn enfawr iddo. Roedd y Sioe Fawr yn holl bwysig iddo a gwireddwyd ei freuddwyd yn 2010 pan gafodd ef ac Olwen eu hethol yn Llywyddion Sioe'r Cardis. Gwahoddodd fi i arwain y gwasanaeth yn eglwys Llanfair-ym-Muallt ar nos Sul cyntaf y Sioe. Teimlais hi'n dipyn o fraint. Roedd yr eglwys yn orlawn a phlant fy ysgol Sul yn Rhydlwyd, Lledrod yn cymryd rhan a phawb yn gwerthfawrogi. Cafwyd unawd gan Dai a chanodd yr emyn 'O Iesu mawr, rho d'anian bur' ar 'The Banks of Ohio' nes bod y nodau'n atseinio ar draws y dyffryn. Nest Jenkins, un o'r plant oedd ond deg oed wnaeth gyfeilio iddo ond roedd Dai bob amser am roi cyfle i'r ifanc. Mae plant yr ysgol Sul yn parhau i gofio am ei haelioni yn mynnu talu am 'sausage a chips' yn Rhaeadr ar y ffordd adref o'r ymarfer.

Diolchwn heddiw am bobol fel yr annwyl Dai Jones, Dai Lewis a John Cwmbettws am sicrhau fod yna Oedfa a 'Moliant y Maes' i gychwyn y Sioe. Do, bu Sioe'r Cardis yn 2010 yn un gofiadwy a'r diweddar Farnwr Elystan Morgan yn ei hagor yn swyddogol gan sôn mai Dai Jones oedd y cobyn mwyaf a ddaeth o Geredigion erioed. Cofiwn am Dai ar derfyn y Sioe yn codi ei het wellt i'r awyr yn diolch i'r Brenin Mawr am y fraint. Priodol iawn fod S4C wedi cyflwyno cwpan mor hardd a drudfawr i gofio amdano yng nghystadleuaeth y grŵp o bump yn y gwartheg biff. Fe'i cyflwynwyd am y tro cyntaf yn Sioe 2022 gan Celine, wyres Dai ac roedd cynrychiolaeth deilwng o S4C yn bresennol.

Yn ystod ei fywyd derbyniodd Dai anrhydeddau lu. Yn 2004 enillodd BAFTA Cymru am ei gyfraniad i ddarlledu teledu Cymraeg ac yn yr un flwyddyn enillodd wobr Syr Bryner Jones yn y Sioe am ei gyfraniad i fywyd gwledig. Boed yn rhaglen *Siôn a Siân, Cefn Gwlad* ar y teledu neu *Ar Eich Cais* ar y radio, roedd Dai yn felsu naturiol ar y cyfan a phobol yn edrych ymlaen at yr arlwy. Yn ogystal â derbyn anrhydedd FRAgS gan y Sioe Frenhinol daeth yr MBE i'w ran yn anrhydeddau'r flwyddyn 2000. Yn 2004 roedd cwpan ei lawenydd yn llawn unwaith eto pan dderbyniwyd ef yn Gymrawd gan Brifysgol Aberystwyth o dan lywyddiaeth yr Arglwydd Elystan.

Bu ei hunangofiant, *Fi Dai Sy 'Ma* yn llwyddiant ysgubol a chyfieithwyd y gyfrol i'r Saesneg gan Lyn Ebenezer o dan y teitl *Dai and Let Live*. Yn ddi-os dyma'r cyfathrebwr gorau a welodd y cyfryngau a Chymru. Oedd, roedd John Davies Cwmbettws yn llygad ei le pan ddwedodd mai Dai oedd 'Brenin y Gymdeithas Wâr'.

Erbyn hyn mae gan John Ifor, y mab, Gwmni Contractio Amaethyddol yn gweithredu o Berthlwyd ac roedd Dai yn falch ei fod wedi arallgyfeirio i roi gwasanaeth i ardaloedd cefn gwlad. Mae pawb yn adnabod tractorau glas John Berthlwyd.

Drwy garedigrwydd Cymdeithas Hoelion Wyth Tregaron gosodwyd plac ar gefndir glas a'r geiriau canlynol mewn ysgrifen aur gywrain: 'Canwr, Darlledwr, Diddanwr, Gwladgarwr a Thrysor Cefn Gwlad', gyda ffon fugail yn y canol.

Yn y flwyddyn 2019 wynebodd Dai lawdriniaeth drom ac o ganlyniad treuliodd gyfnodau mewn gwahanol ysbytai ond cafodd ddychwelyd adref i'w hoff Berthlwyd. Drwy ofal tyner Olwen, y teulu a'r gofalwyr, yno y bu tan yr alwad olaf. Yn ystod y cyfnod anodd hwn cafodd wireddu ei ddymuniad i fynd i briodas ei wyres Celine a Rhodri yn eglwys Llanddewi Brefi. Byddai yn ei seithfed nef nawr o glywed am enedigaeth ei or-wyres fach, Beti Gladys! Mae'n siŵr y byddai ganddo sylw am yr enw!

Teithiodd dros fryn a phant yn diddori cynulleidfaoedd ond ni fyddai byth yn codi tâl yng Ngheredigion. Mae ysgrif John Phillips yn y gyfrol hon yn cadarnhau hynny. Dyna natur y rhuddin oedd wedi ei blannu yn nyddiau ei ieuenctid. Roedd gan Dai gydymdeimlad bob amser gyda'r sawl oedd yn dioddef a chael cam. Yng ngeiriau adnod Paul yn ei lythyr at y Rhufeiniaid medrai lawenhau gyda'r rhai sy'n llawenhau ac wylo gyda'r rhai sy'n wylo. Dyna gamp y gwir artist.

Cyn i anhwylder ei oddiweddyd fe ddaeth gydag Olwen i lansiad fy hunangofiant yng Ngwesty'r Marine, Aberystwyth. Hyfryd oedd clustfeinio ar y sgwrs rhyngddo ef a John Phillips a'r Arglwydd Elystan Morgan. Eli at bob calon wan.

Cynhaliwyd ei wasanaeth angladdol yng nghapel Carmel Llanilar ar fore o wanwyn dan arweiniad urddasol a theimladwy'r Parch John Gwilym Jones, Caerfyrddin. Yr organyddes oedd Lois Williams, Llanddewi gydag Aled Davies Pentremawr yn arwain y canu. Talwyd teyrngedau gan dri ffrind: Charles Arch, Hugh Tudor a finnau.

Diolch i'r Prifardd Tudur Dylan Jones am yr englyn hyfryd ar y daflen sy'n crynhoi bywyd Dai Jones yn berffaith:

DAI

Dai'r ardal hyd y dalar, – Dai a'i lais
    Hyd y wlad, Dai'r cymar,
  Dai frenin y werin wâr,
  Llawn o hwyl yw Llanilar.

Beti Griffiths
Mehefin 2024

Nid da lle gellir gwell

YR ATHRO WYNNE JONES

Y TRO CYNTAF imi gyfarfod Dai Jones oedd yn 1976. Y cefndir oedd imi gael fy mhenodi fel darlithydd yng Ngholeg Amaethyddol Cymru yn Llanbadarn Fawr ar ddechrau 1975. Cyn hynny roeddwn wedi cwblhau cyfnod fel ymchwilydd am radd doethuriaeth ym Mhrifysgol Reading. Roedd fy ymchwil yn ymwneud â bridio gwartheg godro. Roedd ffermwr lleol, sef y diweddar Bernard Talco, Rhodmad yn Llanilar wedi siarad gyda mi am y syniad o sefydlu clwb er mwyn i ffermwyr lleol gyfarfod i drafod a hybu arferion bridio gwell o ran gwartheg godro Friesian. Roedd hyn o ganlyniad iddo fy nghlywed i yn trafod fy ymchwil mewn cynhadledd fridio gwartheg Prydeinig yng Nghaergrawnt. Felly sefydlwyd yr Aberystwyth Friesian Breeders Club a esblygodd yn Aberystwyth Breeders Club (ABC) neu'r 'Cow Club' fel y cyfeiriwyd ato ar lafar.

Cow Club

Daeth tuag ugain o fridwyr gwartheg godro lleol at ei gilydd, gan gynnwys Dai Jones. Roedd Dai ac Olwen wedi sefydlu buches Friesian safonol iawn gyda'r rhagddodiad 'Ceunant' ym Merthlwyd. Roeddynt yn fridwyr deallus a hynod o frwdfrydig. Cyn dod i Aberystwyth roeddwn wedi cael y fraint o gyfarfod a gweithio gyda rhai o fridwyr

Nid da lle gellir gwell

Friesian mwyaf enwog y wlad, gan gynnwys Dyfrig Williams, bridiwr a pherchennog buches enwog 'Y Grove' yn St Clears. Roedd Dyfrig Williams yn un o arwyr Dai gan iddo ef ac Olwen brynu buchod ganddo i ddatblygu eu buches ym Merthlwyd. Rhaid cofio bod Cymru pryd hynny yn frith o fridwyr safonol iawn.

Perthnasol yw nodi mai yn ddiweddarach y cyflwynodd Dai raglen arbennig iawn o'r gyfres *Cefn Gwlad*, a hynny o'r arwerthiant i wasgaru buches y Grove yn 1983. Roedd torf o fridwyr o Brydain yno a'r pris uchaf yn 26,000 gini. Yn ei gyflwyniad, fe ddeliodd Dai yn grefftus â'r agweddau sensitif i'r teulu oedd yn gwerthu, ac ar y llaw arall fe lwyddodd i adlewyrchu hynodrwydd yr achlysur unigryw ac arbennig.

Gan imi fod yn byw allan o Gymru am ryw bum mlynedd nes 1975, doeddwn i ddim mor gyfarwydd â chyfraniad Dai i'r bywyd cerddorol a datblygiad ei yrfa deledu gyda *Siôn a Siân*. Fel bridiwr gwartheg y dois i adnabod Dai yn gyntaf. Roedd yn wybodus iawn am hanes y brid Friesian a'r fuches oedd yn flaenllaw yn y diwydiant. Roedd hefyd yn gyfarwydd ei wybodaeth â'r teuluoedd buchod a'r teirw oedd yn cyfrannu'n flaenllaw iawn i ddatblygiad y brid. Gan fod ganddo fuchod o safon, roedd wedi ymrwymo i gryfhau ei sgiliau hwsmona a ffermio. Roedd yn medru canolbwyntio ar wybodaeth newydd, a thrin a thrafod os oedd yn berthnasol iddo ei fabwysiadu fel elfen o'i amaethu. Roedd gwir ddiddordeb ganddo yn elfennau arloesol y diwydiant. Dyma'r adeg y dois i sylwi gyntaf ar ei agwedd hollol broffesiynol at beth bynnag roedd yn ei gyflawni. Nid da lle gellir gwell oedd hi bob amser gyda Dai.

Dros y degawd nesaf cawsom lawer o gyfraniadau gan fridwyr mwyaf llwyddiannus y wlad. Hefyd cawsom y cyfle i ymweld â'r buchesi gorau ar hyd a lled Prydain trwy ymweliadau'r Cow Club. Dyma pryd y sylwais ar gymeriad amryddawn Dai Jones a'i allu i ddiddori pobl hollol ddiarth. Roedd ganddo ryw agosatrwydd wrth gyfarfod pobl newydd. Cofiaf yn gynnes iawn am y jôcs, yr hwyl a'r sbort dros baned yn y tŷ ar ôl mynd rownd ei warffeg. Doedd neb yn well na Dai am dalu diolchiadau. Roedd ei allu i siarad sens yn gymysg gyda hiwmor yn unigryw. Fel canlyniad i'n hymweliadau byddai Dai yn aml yn cael ei wahodd fel gwestai i ddiddori aelodau o glybiau Friesian dros y wlad. Roedd yn adnabyddus iawn tu draw i Glawdd Offa, a mawr oedd ei barch fel bridiwr, diddanwr ac wrth gwrs canwr. Roedd yn llysgennad, os nad yn wir yn wladweinydd effeithiol dros ffermio a ni y Cymry.

Byddwn yn galw ym Merthlwyd am sawl rheswm, ac yn aml yn mynd â'r ddwy ferch fach, Gwawr a Rhiannon, gyda mi. Ar ôl eu cyfarfod byddai Dai'n gofyn am y teulu, gan eu henwi. Rwy'n cofio hyn ac mewn blynyddoedd i ddod sylwais ar ddoniau eraill Dai, sef ei wir ddiddordeb mewn cwmni pobl a'i gof anghredadwy am enwau, ffeithiau a'r ddawn i gyd-gysylltu rhwydweithiau gwahanol elfennau o fywyd cefn gwlad.

Difyr yw cofnodi bod y Cow Club yn dal i fynd yn gryf yng Ngheredigion hyd heddiw o dan ofal to ifanc o fridwyr lleol.

Cefn Gwlad

Ar ddiwedd yr wythdegau symudon ni fel teulu i sir Amwythig, pan gefais fy mhenodi ar staff Coleg Harper Adams. Fel canlyniad, collais gyswllt cyson gyda Dai ac Olwen. Erbyn hyn roedd Dai wedi dod yn gyflwynydd

Nid da lle gellir gwell

teledu llwyddiannus iawn gyda *Cefn Gwlad*. Trwy drugaredd roeddem yn cael y cyfryngau Cymraeg yn yr Amwythig, felly roeddem yn gweld Dai yn wythnosol ar sgrin.

Penderfynais mai da fyddai i Harper Adams gael stondin i gyfarfod darpar- a chyn- fyfyrwyr yn y Sioe Fawr yn Llanelwedd. Fel canlyniad roeddwn yn ffodus i fedru dal i fyny gyda Dai, gan ei fod erbyn hyn yn rhan annatod o arlwy ddarlledu y Sioe Fawr ac yn ddiweddarach y Ffair Aeaf.

Braint ac anrhydedd imi oedd i Dai ofyn am gael dod i ffilmio *Cefn Gwlad* yn Harper Adams. Roedd amryw o'r staff yn Gymry Cymraeg a chryn nifer o fyfyrwyr o Gymru. Cawsom hwyl fawr gyda sawl person yn cael y profiad o ffilmio'r eitemau.

Cawsom swper yn ein cartref ar ddiwedd y ffilmio ac roeddem wedi gwahodd rhai o'm cymdogion oedd yn Gymry, ac yn ymddiddori yng nghwmni Dai, a'r criw ffilmio. Gyda Gwawr y ferch ar y piano cawsom noson o hwyl ac adloniant a Dai yn ei chanol hi yn llwyr fwynhau'r sbri, er ei fod wedi blino ar ôl y ffilmio, mae'n debyg.

Roeddem yn ffilmio ym mis Rhagfyr ac mi roeddwn i ac Irfana'r wraig wedi penderfynu mynd i sgio toc ar ôl y Nadolig. Dyma oedd y tro cyntaf inni wneud y fath beth. Roeddwn wedi benthyg dillad sgio coch un darn gan fy ffrind at yr achlysur. Gan fy mod yn tybio i Dai fod yn ecsbyrt ar y grefft, ar ôl inni ei weld *Ar y Piste* ar y teledu, fe ddangosais y dilledyn iddo gan ddisgwyl rhyw gymeradwyaeth. Ei ymateb chwim oedd dweud wrtha i am beidio â sefyll yn llonydd yn rhy hir ar y slôps neu 'fyddan nhw'n meddwl mai *postbox* wyt ti'. Wel, dyna ymateb annisgwyl a thestun sbort i'r criw oedd yn y tŷ. Roedd ganddo feddwl sydyn a'r gallu i weld hiwmor mewn sefyllfa annisgwyl. Mae hyn yn ddawn wahanol iawn i ddweud jôcs.

Roeddwn gyda Dai a'r criw ffilmio trwy gydol y tri diwrnod ac felly yn medru gwylio'r cyfweliadau gyda'r teulu, y staff a'r myfyrwyr. Er bod Dai yn seléb o fri erbyn hyn, roedd ei ddawn a'i allu i fedru cael y rhai roedd yn eu cyfweld i ymlacio ac ymddwyn yn hollol gartrefol yn amlwg. Ond nid hap a damwain oedd hyn, roedd yn un o rinweddau cryfaf Dai a dyma pam y bu'r rhaglen *Cefn Gwlad* mor llwyddiannus. Ei allu i gael pobl wledig a chyffredin iawn i ddangos eu doniau a rhannu eu storïau mewn modd mor werinol a chartrefol oedd asgwrn cefn llwyddiant y gyfres, yn fy nhyb i. Yn ychwanegol, mae archif y rhaglenni hyn yn llyfrgell unigryw o gymeriadau cefn gwlad dros gyfnod o ddatblygiad a newid hinsawdd economaidd yng nghefn gwlad Cymru.

Cyfeiriais yn flaenorol at ddiddordeb Dai mewn teuluoedd a'i gof am enwau a chysylltiadau. Felly, flynyddoedd yn ddiweddarach, daeth i ffilmio hanes Gwawr, y ferch, a'i theulu yng Ngogledd Iwerddon. Roedd Gwawr wedi priodi Michael a chanddynt ddau o blant. Roeddent yn ffermio yn Dromore, Swydd Tyrone sydd hanner ffordd rhwng Omagh ac Enniskillen, sef safle dau o'r ffrwydradau mwyaf yng nghyfnod y terfysg yn y Gogledd. Aeth Gwawr â'r criw ffilmio i Omagh, i'r man lle bu'r ffrwydrad, ac fe fu Dai a hithau yn sôn am dipyn o'r hanes cefndirol. Roedd Michael wedi llogi cwch i fynd â'r criw ffilmio am dro ar Lough Erne ger Enniskillen. Cyd-ddigwyddiad llwyr oedd i ffermwr lleol ddod â chwch o wartheg i'w dadlwytho am yr haf ar un o ynysoedd y llyn mawr. Roedd y rhaglen yn arbennig am ei bod yn wahanol i'r arfer a bod gan Dai y gallu i drafod elfennau sensitif iawn yn yr hanes.

Testun gwobr Syr Bryner Jones

Yn 2004, testun gwobr Syr Bryner Jones, sef gwobr fwyaf clodfawr Cymdeithas Amaethyddol Frenhinol Cymru (CAFC), oedd cydnabod unigolyn oedd wedi gwneud cyfraniad eithriadol i amaethyddiaeth Cymru.

Cefais yr anrhydedd gan CAFC o gael fy newis yn feirniad gyda Dr John Harries, dirprwy Is-Ganghellor Prifysgol Aberystwyth. Cafodd deg o unigolion arbennig eu dewis gan eu pwyllgorau sirol. Cafodd y ddau ohonom y cyfle i fynd o amgylch Cymru i gyfarfod a chyfweld y cymeriadau arbennig yma.

Ymysg nifer o ganllawiau wrth feirniadu dewisom faint a nodweddion parhaol y cyfraniad. Dai Jones a ddaeth i'r brig ac rwyf am ailadrodd rhai o eiriau John a minnau yn y feirniadaeth a gyhoeddwyd yng nghatalog y Sioe Fawr y flwyddyn honno:

'Rydym yn dyfarnu mai'r enillydd, fel canlyniad i'w gyfraniad rhagorol i amaeth Cymru, ydyw Dai Jones.

'Mae yn ffermwr mawr ei barch gan iddo gael llwyddiant blaenorol fel bridiwr gwartheg Friesians pedigri yn cynnwys llwyddiant mewn sioeau, ac yn ddiweddarach fel ffermwr biff a defaid ac yn enwedig gyda'i fuches gwartheg duon Cymreig. Mae wedi cystadlu ar lefel ryngwladol gyda threialon cŵn defaid. Mae wedi cyfrannu blynyddoedd o wasanaeth safonol i'r Mudiad Ffermwyr Ifanc, fel aelod, ac yn ddiweddarach fel arweinydd. Roedd wedi cyrraedd pinaclau'r byd cerdd gyda'i lais tenor arbennig gan iddo ennill y Rhuban Glas yn yr Eisteddfod Genedlaethol ac hefyd canwr y flwyddyn rhyngwladol yn Eisteddfod Llangollen.

'Drwy ei lwyddiant unigryw ym myd y cyfryngau ac yn arbennig ei raglen deledu *Cefn Gwlad* mae wedi llwyddo i ddyrchafu pwysigrwydd pobl, teuluoedd ffermio, ac amaeth, fel carreg gornel y gymuned wledig fyw. Mae ef ers blynyddoedd wedi cydnabod pwysigrwydd y cysylltiad rhwng y ffermwr a phrynwyr bwyd. Mae ganddo broffil uchel a phoblogaidd yng Nghymru a thu hwnt.'

Credaf fod y geiriau hyn yn cyfleu unigolyn oedd â'r ddawn a'r gallu i wneud cyfraniad o'r safon uchaf mewn sawl maes. Cymeriad amryddawn, talentog, cystadleuol a hollol broffesiynol ond â'i gariad a'i wreiddiau yn sownd yn naear cefn gwlad. Dyna oedd Dai.

Fferm Ffactor

Cyfnod arall yn fy nghysylltiad gyda Dai oedd inni'n dau gael ein gwahodd i fod yn feirniaid ar raglen wreiddiol newydd gan Cwmni Da yng Nghaernarfon. Daloni Metcalfe oedd i gyflwyno'r gyfres ac i fod yn gyswllt rhwng y beirniaid a'r cystadleuwyr. Roeddem yn ffilmio ddau ddiwrnod yr wythnos am dri mis.

Yn ystod blwyddyn gyntaf y ffilmio roedd Dai wrthi hefyd gyda *Cefn Gwlad* ac yn Llywydd y Sioe Fawr, neu Sioe y Cardis, i fod yn ffeithiol gywir. Roedd ei ddyddiadur yn llawn, ond roedd ei fywiogrwydd, ei egni a'i nerth yn ei gario trwy'r holl ddyletswyddau oedd ar ei blât.

Roedd rhaglen deledu yn brofiad newydd imi a bu Dai, gyda'i brofiad helaeth, yn diwtor arbennig. Roeddwn yn genfigennus o'i allu i gael sgwrs gyda'r criw un munud a medru recordio ei gyfraniad yn slic yn syth ar ôl hynny, tra roeddwn i yn baglu ar eiriau ac yn methu cyfieithu ambell i air Saesneg technegol i'r Gymraeg ac yn llwyr odro pob diferyn o ewyllys da y tîm ffilmio. Mwynhad oedd y profiad, a Dai yn cyfrannu yn helaeth at hynny. Ond roedd yn dueddol o ddweud rhywbeth hollol ddigri ar drothwy ffilmio rhyw ran, a minnau yn chwerthin ac yn methu ymddangos yn barchus. Roedd y cystadleuwyr yn ymddiddori yng nghwmni a sgwrs Dai. Roedd ef hefyd yn cael pleser o wylio'r cystadlu dros gyfres o dasgau heriol iawn. Roedd pob math o dasgau amaethyddol i'w cyflawni mewn lleoliadau dros Gymru gyfan.

Roedd y trafaelio yn gyfle i dreulio amser euraidd yn ei gwmni yn y car, yn aml iawn gyda chryno ddisg y tenor anfarwol David Lloyd yn y cefndir. Yr hyn a wnaeth argraff fawr arna i ar y pryd oedd ei wybodaeth o enwau ffermydd a'r teuluoedd oedd yn amaethu ynddynt, a phwy oedd yn perthyn i bwy dros Gymru. Sylweddolais mai nid hap a damwain oedd ei lwyddiant gyda *Cefn Gwlad* ond adlewyrchiad o wir ddiddordeb, ymroddiad a chariad at ei bobl a'i gymdeithas. Roedd y dasg o gofnodi a recordio hyn dros y blynyddoedd yn alwad iddo.

Ond yn ôl at *Fferm Ffactor*. Cofiaf ffilmio yn sioe Cerrigydrudion a'r ddau ohonom yn cael paned yn un o'r pebyll. Daeth tri o blant oed cynradd atom i ddweud helô wrth 'Dai Jos'. Cafodd Dai afael yn syth mewn sgwrs a chael ar ddeall pwy oedd eu rhieni a'u teidiau a'u neiniau. Gan i Dai gyfadde wrthynt ei fod yn adnabod eu teuluoedd yn dda, bron na welwn nhw yn chwyddo gyda balchder gan fod 'Dai Jos' yn gwybod pwy oedden nhw. Hael gyda'i amser a'i ddiddordeb ac mor hawdd, croesawgar a chartrefol ei ffordd, pethau oedd yn ei alluogi i gael y gorau o unrhyw gysylltiad neu sefyllfa.

Tra roeddem yn Cerrig digwyddais sôn bod fy nhad yn enedigol o'r ardal a bod ei gyfnither yn gantores ac yn London Welsh. Roedd ef yn ei hadnabod yn dda ac yn cofio iddi rannu llwyfan sawl gwaith gyda David Lloyd. Felly cefais dipyn o hanes ychwanegol am y gantores Ceinwen Rowlands a fyddai yn dod i aros bob blwyddyn gyda fy rhieni a ninnau'r plant.

21

Diweddglo

Roedd cwmni Dai ac Olwen yn bleser ac yn ddi-ffws. Difyr gweld eu mab John yn datblygu busnes contractio llwyddiannus a diddordeb amaeth, ond wedi torri cwys wahanol i'w dad a oedd yn ymfalchïo yn ei lwyddiant. Priodol iawn oedd gweld ei wyres Celine yn cyflwyno gwobr a chwpan urddasol yn rhoddedig gan S4C i enillydd y grŵp o bump yn y dosbarthiadau bridiau biff yn Sioe Fawr 2022. Cystadleuaeth yr oedd Dai yn ei gwir edmygu ac a gafodd ei thrafod droeon ar y teledu. Roedd y darllediad yn cael ei wylio gan lawer y tu allan i Gymru.

Mae'r olwyn wedi troi ac mae 2024 yn flwyddyn noddi CAFC unwaith eto i sir y Cardis. Cymerwn y cyfle fel sir ac aelodau CAFC i anrhydeddu cyfraniad Dai. Bu i'm rhagflaenydd fel Cadeirydd Bwrdd CAFC, John T Davies, dalu teyrnged dwymgalon i Dai yn y Sioe Fawr yn 2023. Hefyd ceir crefftwaith o eiriau gan ffrind mawr y teulu, sef Beti Griffiths, wrth iddi dalu teyrnged i Dai yng nghylchgrawn CAFC 2023.

Collwn ei gwmni ond ymfalchïwn fod ei gyfraniad yn dal i lenwi gwifrau'r cyfryngau a bod y gronfa o'i ffilmiau a'i recordiau yn gymynrodd unigryw i'r genedl am yr oes a ddaw.

Dai Berthlwyd

Efan Williams

DYN Â'I GALON yn ei gymuned oedd Dai Jones. Roedd yn adnabyddus i'r genedl fel Dai Jones 'Llanilar' ond 'Dai Berthlwyd' oedd ef i bobl ei fro. Saif Berthlwyd yng nghymuned Rhos y Garth, ar y ffin rhwng plwyfi Lledrod a Llanilar, ac i minnau, fel brodor o Ledrod, roedd presenoldeb Dai yn y fro yn amlwg inni yn blant, yn bobol ifanc ac yn oedolion.

Er mai dyn oedd yn eiddo i'r genedl gyfan oedd Dai, neu 'Dei' wrth i'w acen a'i osgo newid i ymdoddi ac i siwtio'r cymeriadau a'r cymunedau roedd yn ymweld â nhw fel rhan o'i waith fel cyflwynydd *Cefn Gwlad*, llwyddodd hefyd i fod yn ddyn ei fro. Roedd yn gymeriad adnabyddus, gweithgar a chefnogol iawn i weithgareddau ei ardal yn Llanilar, ac wrth gwrs, yn ei annwyl Langwyryfon, neu 'Llangwrddon', fel y dywed trigolion yr ardal hon.

Yn rhyfedd iawn, ac er gwaethaf mawredd amlochrog ei gymeriad, llun sy'n ysgogi fy atgof cyntaf o Dai. Llun sy'n cyfleu ei gymeriad hoffus a'i ddireidi. Nid wyf yn cofio'r achlysur, na'r lleoliad, na'r flwyddyn hyd yn oed, ond mae'r llun ymhlith casgliadau o luniau fy rhieni yn y Gwyndy. Rwy'n eistedd ar gôl Santa, ac yn rhoi sws i'w farf wen. A phwy, tybed, y mae Santa yn ymdebygu iddo, dwedwch?

Rwy'n cofio rhywun yn anfon neges at raglen Dai,

Ar Eich Cais ar Radio Cymru rywdro yn gofyn am gael clywed cân gan Bois y Fro. Roedd Dai yn gwybod fy mod yn aelod o'r grŵp ac, wrth gwrs, aeth ymlaen i adrodd stori amdanaf i'r genedl! Roedd y stori'n ymwneud â fy mlwyddyn olaf yn yr ysgol gynradd, a dreuliais yn Ysgol Llangwyryfon, a'r amser hynny roeddwn i'n arfer mynd ar fy meic i'r ysgol ac yn ôl bob dydd. Roedd sawl rhiw ar hyd y daith ac er fy mod wrth fy modd yn mynd i lawr, roedd dringo'r rhiw yn stori arall! Ond roeddwn yn adnabod y tri D a oedd yn teithio ar hyd y ffordd ar yr amser yna bron bob dydd – Dai, Defi a Dewi – felly'r cynllun mawr gennyf oedd i gadw llygad am y Land Rovers yn y pellter, troi'r beic wyneb i waered a phwyso drosto fel petasai gennyf i deiar fflat ac aros i'r gyrwyr fy nghyrraedd. Roeddwn yn siŵr y byddai un o'r tri D, sef naill ai Defi Tynllwyn, Dewi Rhandir neu Dai Berthlwyd yn stopio, rhoi'r beic yng nghefn y Land Rover a finnau yn y sedd flaen. Doeddwn i ddim yn dweud wrth y pedwerydd D, sef Dad, ond dyna Dai yn dweud ar y radio flynyddoedd wedyn. 'Doedd dim otsh 'da fi stopio,' meddai 'roedd Efan Gwyndy yn sgwrsiwr bach da.' Roedd Dai yn hoff iawn o rannu sgwrs!

Dechreuais ymddiddori mewn canu ac ymwneud â'r byd eisteddfodol yn hwyr yn y dydd. Doeddwn i ddim yn un oedd yn mynd o amgylch yn cystadlu yn blentyn. Byd y bandiau pres oedd yn mynd â'm bryd yn fy arddegau. Ond dechreuais ar wersi canu o ddifrif pan oeddwn i tua 26 mlwydd oed, gyda Ken a Christine Reynolds yn Llanfarian, cyn-athrawon Dai. Y peth cyntaf ddywedodd Ken wrtha i oedd: 'Where do you live? Lledrod? Right, Christine, give Dai a ring.' Roedd am wybod sut un oeddwn i. Enghraifft o bwysigrwydd Dai a'r parch a'r bri a roddwyd iddo yn y cylchoedd canu yng Nghymru. 'He's a good boy,' medde

Dai, 'always sings a hymn in the Cwrdd Bach in Lledrod.' Doeddwn i ddim yn gwybod, ond roedd Dai yn amlwg yn cadw llygad o'r dechrau a doedd dim un Cwrdd Bach nac eisteddfod leol yn llwyfan rhy fach i Dai. Ymddiddorai yn y canlyniadau trwy gydol ei oes.

   Cyhoeddwyd cyfrol ddiddorol dros ben ar bob agwedd o hanes, bywyd a diwylliant y Mynydd Bach yn 2013 a threfnwyd lansiad yng Nghapel Peniel, Blaenpennal, ar ben Mynydd Bach, sef paradwys o le anghysbell. Roedd tyrfa sylweddol yn sgwrsio wrth ddod i mewn i'r capel a'r dyrfa yn gofyn, 'Dw i wedi clywed bod rhywun yn canu heddi. Chi'n gwbod pwy sydd wrthi? Ife Dai yw e?' Cododd Dai ei lais i bawb gael clywed: 'Dim fi sydd wrthi'r dyddiau hyn, ond "Caruso Lledrod"!' Un cyflym ei eiriau oedd Dai erioed, a dyna'r tro cyntaf, ond nid y tro olaf iddo ddefnyddio'r gymhariaeth hynod garedig honno!

   Mae gennyf enghraifft bersonol arall o ddawn Dai gyda geiriau; roeddwn yn mynd trwy amser prysur dros ben am sawl rheswm ar y pryd. Roedd gennym ni arolwg Estyn yn yr ysgol yn syth ar ôl y gwyliau Nadolig, ond cyn hynny roeddwn yn priodi – sôn am bopeth yn digwydd ar unwaith! Wrth yrru ar yr hewl gefn i gyfeiriad Llangwyryfon i fynd i'r ysgol yn Llanrhystud ar ryw brynhawn dydd Sul, dyma fi'n dod heibio ardal a oedd yn agos iawn at galon Dai, sef i lawr heibio Brynchwith i gyfeiriad Argoed a Chwm Gwŷdd. Dyna lle gwelais gerbyd yng nghanol y ffordd. Felly allan â fi o'r car i weld a allwn i fod o ryw help ac wrth dynnu'n nes sylweddolais mai Dai oedd yno yn yr hen *fule*, gyda'r ci yn y cefn, yn hollol lonydd yng nghanol y ffordd. 'Odych chi'n iawn fynna, Dai, alla i fod o help?' gofynnais i. 'Efan bach, faint wyt ti'n gwbod am rywbeth fel hyn, dwed?' Roedd rhaid i mi gyfaddef nad oeddwn yn deall llawer felly cynigiais i wthio'r *mule* yn ôl i'r cae yr oedd Dai wedi dod allan ohono er mwyn iddo aros mewn man mwy diogel. Ar ôl symud y cerbyd cynigiais roi lifft iddo ond gwrthododd. Cynigiais fynd lan i Frynchwith am gymorth. 'Na, paid becso, Efan bach, sai ishe poeni nhw, ffonia i Olwen nawr.' Felly fe ffoniodd Olwen i gael lifft yn ôl i Berthlwyd a dyma beth oedd gan Dai i ddweud, 'Olwen, ddei di nôl fi plis?... Gwd, odw yn iawn... Nagw, ddim ar ben fy hunan, o'n i'n lwcus. Ma Tenor Tyncoed 'ma.' Llysenw arall – er, mae'n siŵr y byddai Dai yn cyfaddef mai y rheswm dros newid enw ein cartref o'r Gwyndy i Dyncoed, sef y ffarm drws nesaf, oedd er mwyn hwyluso'r cyflythreniad!

Pan ddechreuais i ganu fel unawdydd a chystadlu mewn eisteddfodau ac ati, roedd gennyf ddiddordeb mawr mewn gwrando ar yr hen denoriaid Cymreig a phori trwy eu recordiau am hen ganiadau ac unawdau fyddai'n fy siwtio. Roedd Kenneth Bowen, David Lloyd a Stuart Burrows, yn enwedig, yn ffefrynnau ond wedyn darganfyddais Dai y tenor. Roedd Dai yn gydnabod imi yn y gymuned, wrth gwrs, ac roeddwn yn gyfarwydd ag ef fel cyflwynydd teledu a'i holl waith gyda'r Sioe Frenhinol, ond doeddwn i ddim wedi deall dyfnder ei dalent fel tenor tan y cyfnod hwnnw o wrando ar ei recordiau cynnar.

Roedd yn ganwr â haen ar ôl haen yn perthyn iddo. Roedd yn gallu canu'r unawdau mawr operatig a gweithiau o'r oratorios. Roedd yn hen law ar ganu emyn, unawd a'r hen ganiadau. Roedd ei fersiynau o ganeuon fel 'Hen Fwthyn Bach Melyn fy Nhad', 'Arafa Don' ac 'Alwen Hoff' wedi gwneud cryn argraff arna i. Aeth y diddordeb i lefel uwch wedyn pan glywais ddeuawdau dirdynnol Dai a Dic Rees, Pennal. Ac roedd gweld y fideo o berfformiad Dai o 'Adelaide' gan Beethoven pan gipiodd Wobr Goffa David Ellis, y Rhuban Glas, yn brofiad emosiynol imi. Perfformiad a oedd yn cydio go iawn. Pan oedd yr Eisteddfod Genedlaethol yn Nhregaron yn 2022, cefais y fraint o ganu 'Adelaide' ar lwyfan yr Ŵyl yn y gystadleuaeth Lieder neu Gân Gelf. Anodd oedd peidio â meddwl am Dai a'i lais melfedaidd. Gobeithio i mi wneud cyfiawnder â'r gân.

Fel canwr aml-dalentog gallai Dai droi ei law at amrywiaeth o'r arddulliau hyn, ac fel y soniais, roedd yn un o lu o denoriaid eraill bendigedig mae Cymru wedi eu cynhyrchu. Mae pobl yn sôn am y 'Fly Half Factory', wel, mae Cymru yn fridfa denoriaid o hyd. Yr hyn oedd yn gwneud i Dai sefyll allan oedd ei allu i gyfathrebu â'r gynulleidfa. Roedd Dai yn ganwr apelgar dros ben, ac roedd ganddo'r gallu i wneud i bob un person a oedd yn gwrando arno deimlo ei fod yn canu yn uniongyrchol iddyn nhw. Roedd rhywfodd yn gallu mynd heibio i'r llen a chydio yn y gwrandäwr. Roedd ei glywed yn canu yn brofiad emosiynol a dirdynnol i bawb oedd yn gwrando arno, ac roedd y cyfan yn hollol naturiol a diymdrech iddo. Ei naturioldeb a'i ymdriniaeth arbennig o eiriau oedd cyfrinach Dai, a'r gân sydd yn crisialu hyn i mi orau ydy ei berfformiad arbennig o 'Wele'r Tŷ', y cyfieithiad o'r gân enwog 'Bless This House'. Ar gyfrwng oeraidd recordiad, lle mae emosiwn a theimlad bron yn amhosib i'w canfod, llwyddodd Dai i dynnu deigryn. Camp aruthrol.

Wedi rhai blynyddoedd o gystadlu mewn eisteddfodau lleol ac yn yr Eisteddfod Genedlaethol daeth fy llwyddiant cyntaf yn y flwyddyn 2011 yn Eisteddfod Genedlaethol Wrecsam. Dyma'r tro cyntaf imi fod yn fuddugol ar yr Unawd Tenor. Rwy'n cofio'r teimlad o lwyddo o'r diwedd, ar ôl bod yn cystadlu ar y gystadleuaeth ers rhyw bum mlynedd. Wedi imi ddychwelyd o Wrecsam i Ledrod roeddwn yn dadflino ar y dydd Sul a dyma gnoc ar y drws. Dyna lle roedd Dai yn sefyll yn y drws gyda'i gar a'r goleuadau *hazard* yn fflachio y tu ôl iddo yn dal potel o *champagne*. 'Roedd Olwen a fi eisiau i ti wybod pa mor falch y'n ni ohonot ti.' Enghraifft arall o Dai yn gwerthfawrogi ac yn annog. 'Cadw fynd, Efan bach, fe ddeith hi,' oedd ei anogaeth wrth imi ymgeisio am y Rhuban Glas, gwobr a enillodd Dai yn Rhydaman yn 1970. Roedd gan Dai amser i wneud y pethau bychain bob amser.

Er mwyn dathlu fy llwyddiant i a Nest Jenkins, merch o Ledrod a enillodd y Rhuban Glas Offerynnol yn Eisteddfod Bro Morgannwg yn 2012, cynhaliwyd oedfa arbennig yng nghapel Rhydlwyd, Lledrod. Ar brynhawn dydd Sul ym mis Hydref y flwyddyn honno, daeth torf ynghyd i fwynhau oedfa gartrefol a llon. Roedd 'syrpréis' wedi ei threfnu ar ein cyfer, sef perfformiad arbennig gan ddau o gyn-fuddugwyr Y Rhuban Glas o'r ardal, sef Dai Berthlwyd, wrth gwrs, ac yn cyfeilio iddo roedd Eirwen Hughes, Pencwm, yn wreiddiol o Henbant, Lledrod, enillydd Gwobr Goffa David Ellis yn Abertawe, 1982. Hyfryd oedd cael eistedd yn ôl a mwynhau perfformiad gan ddau a oedd wedi fy ysbrydoli i a Nest, a theimlad arbennig oedd meddwl ein bod ni yn cyfrannu at gynnal traddodiad cyfoethog yn ein bro.

Ymddiddorai Dai yn hynt a helynt Parti Camddwr, y parti gwerin o ardal Lledrod a Bronant, ac roedd yn awyddus i wybod am ein cyngherddau a'n hantics. Rwy'n cofio'r parti yn cymryd rhan yn noson lansio hunangofiant Geraint Lloyd, brodor arall o Ledrod, yng Ngwesty Llety Parc yn Aberystwyth. Roedd y bois yn canu a Dai yn dweud gair. Wel, aeth yn noson hwyliog dros ben. Roedd Dai yn mwynhau canu, cymdeithasu ac ymddiddan. Roedd Linda Griffiths yno hefyd ac aeth yn noson hwyr o ganu alawon gwerin ac emynau gyda Dai, Linda a'r bois yn canu tan yr oriau mân. Noson i'w chofio!

Mae hen raglenni *Cefn Gwlad* yn gofnod gwerthfawr o'r cyfraniad amhrisiadwy a wnaeth Dai i Gymru ac i Gymreictod. Maent yn astudiaeth gymdeithasol bwysig sy'n olrhain y newid a'r datblygiadau a fu yng nghefn gwlad Cymru ar hyd y degawdau. Er mai ei seren ef a ddisgleiriai'n llachar yn y rhaglenni hynny, roedd gan Dai ddawn arbennig i roi llwyfan a llais i bob cymeriad. Diolch iddo am baentio darlun lliwgar o Gymru a fydd ar gof a chadw i genedlaethau'r dyfodol. Ond er gwaetha'r holl deithio ar hyd Cymru benbaladr, profiad amheuthun i ni'r gwylwyr oedd cael gweld y rhaglen arbennig a wnaeth Dai o'i fferm ei hun, Berthlwyd, yn y blynyddoedd diweddar. Dyna fraint oedd cael gweld bywyd Dai o ddydd i ddydd y tu ôl i'r llen: y gŵr, y tad, y tad-cu a'r ffarmwr. Chwith ond addas hefyd yw meddwl mai honno oedd un o'r rhoddion olaf a gyflwynodd Dai i Gymru, yr arwr yn ei gynefin. Mae gan bawb a gafodd y fraint o gwrdd â Dai eu hatgofion arbennig eu hunain ohono ac o'm rhan i byddaf yn cofio gyda gwên y cymydog annwyl a hoffus a ysbrydolodd fy angerdd at ganu. Diolch iddo am ei ddawn dweud a diolch iddo am ei gân.

Cobyn bywiog Ceredigion

Dai Lewis

Tua chanol chwedegau'r ganrif ddiwethaf y deuthum i adnabod Dai Jones gyntaf a hynny pan oedd y ddau ohonom yn aelodau o dîm sir Aberteifi ar y gyfres deledu *Sêr y Siroedd* ar y BBC, sef cystadleuaeth newydd ar gyfer ieuenctid siroedd Cymru. Byddai'r timoedd, os dwi'n cofio'n iawn, yn cynnwys mudiadau ieuenctid y sir, megis Aelwydydd yr Urdd a Chlybiau Ffermwyr Ifanc. Byddai'r gystadleuaeth yn cynnwys eitemau gan gantorion clasurol, cerdd dant, grŵp sgiffl a thîm cwis. Yn sicr doeddwn i ddim yn ganwr, ond cefais y fraint o fod yn aelod o'r tîm cwis. Yn rhyfedd iawn, brith gof sydd gennyf am gwestiynau ac atebion y cwis, ond cofiaf y cantorion yn glir – tri o fri yn wir – yr annwyl ddiweddar Angela Rogers-Lewis (Davies), y bytholwyrdd Dafydd Edwards a'r direidus Dai Jones!

O'r funud gyntaf y cwrddais â Dai meddyliais fod rhywbeth arbennig, hyd yn oed unigryw, am y cymeriad yma – llais swynol tu hwnt, disgleirdeb yn y llygaid ac acen Cocni o ganol sir Aberteifi wledig! Dyma'r tro cyntaf, dwi'n meddwl, iddo berfformio ar deledu – rhagflas cofiadwy o yrfa deledu ddisglair a oedd i barhau am dros hanner canrif a rhoi cymaint o bleser i gynulleidfa eang iawn.

Yn ystod y degawdau canlynol byddem yn cyfarfod yn achlysurol ym marchnadoedd da byw Caerfyrddin ac Aberystwyth. Hefyd, fel Asiant Tir i Ystad Castle Hill, Llanilar a oedd yn ffinio â Berthlwyd, digwyddem daro mewn i'n gilydd o dro i dro ar y ffyrdd cyfagos a byddai'r sgwrs bum munud yn mynd yn awr yn aml wrth geisio rhoi'r byd yn ei le. Roedd Teulu Loxdale (Castle Hill) yn agos iawn at Dai ac Olwen, ac roedd gan y ddau deulu barch mawr at ei gilydd fel cymdogion.

Wrth sôn am farchnadoedd, clywais Dai yn dweud lawer tro – petai wedi dewis gyrfa arall mai bod yn ocsiwnïer fyddai honno. Dyna golled i'r proffesiwn. Dywedodd fod y diweddar D A G Jones, perchennog mart Tregaron, wedi ei gymell droeon i gymryd at y morthwyl yn hytrach na'r *machine* godro! Rwy'n sicr y byddai Dai, gyda'i lais clir, ei atebion parod i unrhyw heclo, a'i ffraethineb naturiol wedi bod yn llwyddiannus iawn yn y maes hwnnw hefyd.

Cefais brawf 'poenus' o'i allu fel arwerthwr. Yn 2010 sir Ceredigion oedd Sir Nawdd y Sioe Frenhinol ac yn naturiol ddigon pwy oedd y dewis unfrydol i fod yn Llywydd ond yr unigryw Dai Jones. Fel arfer bydd Cinio Lansio'r Apêl Sirol yn digwydd rhyw ddeunaw mis ymlaen llaw. Trefnwyd hon ym Mhafiliwn mawr Pontrhydfendigaid gyda rhyw hanner cant o fyrddau wedi eu gwerthu. Yn dilyn y wledd roedd yna ocsiwn a nifer o eitemau wedi eu rhoi er mwyn eu gwerthu; a'r ocsiwnïer gwadd oedd – ie, chi'n hollol iawn – Dai ei hun. Fel Cadeirydd Bwrdd Cyfarwyddwyr y Sioe ar y pryd, roeddwn i yno i gefnogi a gwneud ambell i gynnig i helpu'r achos. Gwelodd Dai ei gyfle pan gynigiwyd 'rhaw o deip Aberaeron' – yr olaf oll o wneuthuriad y diweddar Griff Jenkins, Gof Cwrtnewydd (pentre lle magwyd fy ngwraig, Helena). Roedd Dai wedi sylwi bod gan Helena ddiddordeb a phan ddechreuais gynnig rhyw ugain punt am y rhaw fe gynhyrfodd yr ocsiwnïer yn llwyr. Am y deng munud nesaf buom yn codi bob yn ddecpunt tan y cefais fy nal. Gorfu i mi dalu'n ddrud ofnadwy am y rhaw yma – tua deg gwaith ei gwir werth! Ie, heb amheuaeth, byddai wedi gwneud ocsiwnïer penigamp!

Ar Faes y Sioe yn Llanelwedd roedd Dai yn ei wir ogoniant, fel cystadleuydd, beirniad y tîm o bump a sylwebydd yng 'Nghymanfa Fawr yr Anifeiliaid', ei chwedl ef. Bu ef yn llysgennad arbennig i'r Sioe ledled Cymru ac yn wir yn rhyngwladol. Derbyniodd nifer o anrhydeddau ar hyd y blynyddoedd am ei wasanaeth i amaeth a chefn gwlad ar y cyfryngau, gan gynnwys gwobr fwyaf y Gymdeithas, sef Tlws Syr Bryner Jones. Gwnaed ef hefyd yn Gymrawd Cymdeithasau Amaethyddol y Deyrnas Unedig – dwy anrhydedd yr ymfalchïai ynddynt, ac yn wir roedd mor deilwng ohonynt. Roedd ei wybodaeth helaeth am faterion amaethyddol yn eang iawn a'i adnabyddiaeth o'i gyd-Gymry yn wirioneddol anhygoel.

Roedd cyd-gerdded gydag ef ar hyd heolydd y Sioe Fawr yn ystod ei flwyddyn fel Llywydd yn dasg amhosib. Arhosai i siarad bob yn ail gam a phawb yn awyddus i gael sgwrs ag ef. Un o'i niferus ddoniau oedd cofio enwau pobl ac roedd hynny'n sicr yn creu didwylledd wrth gyfathrebu. Dywedodd yn ei anerchiad fod cael ei ethol yn Llywydd Sioe Frenhinol Cymru ar gyfer 2010 yn uchafbwynt ei fywyd.

'Sioe'r Cardis yw hon sy'n profi nad yw'r Cardis yn dynn efo'u haelioni ac yng ngeiriau'r Prifardd Ceri Wyn:
   Nid yw dwrn y Cardi'n dynn
   A'i gyfoeth pan fo'r gofyn.'

Cytunai fod cael Sir Nawdd yn syniad gwych a byddai pob sir yn cyfrannu yn ei thro. Byddai hyn yn rhoi cyfle i gael pobl allan gyda'i gilydd i gymdeithasu ym mhob un o'r ardaloedd efo digwyddiadau amrywiol, gyda rhywbeth at ddant pawb. Bu nifer o uchelfannau, yn cynnwys y gêm rygbi honno yn Aberaeron – Tîm y Llywydd yn erbyn Tîm Cadeirydd y Bwrdd. Ymddangosodd y ddau Dai ar y cae chwarae, ond doedd y naill na'r llall ddim yn ddigon heini i gyfrannu llawer i'r gêm. Gwerthwyd y crysau ar ddiwedd y dydd am arian dwl!

Byddai'n ymfalchïo yn llwyddiant y Sioe, gwelai hi fel atyniad pwysig iawn, nid yn unig i'r gymdeithas amaethyddol wledig yng Nghymru ond yn wir tu hwnt i'n ffiniau daearyddol. Yno byddai'r Cymro Cymraeg a'r di-Gymraeg yn rhannu'r un llwyfan, y Gogledd a'r De yn cwrdd, a Thref a Gwlad yn cymysgu fel un teulu mawr. Yn ystod y Sioe cafodd fwynhad bod Ymryson Cneifio'r Byd y flwyddyn honno yn Llanelwedd yn llwyddiant ysgubol.

Roedd ganddo'r ddawn brin honno i fedru cyfleu negeseuon llon a lleddf – gallai fod yn llawn hwyl, ond eto o ddifrif pan fyddai angen. Dyma ei eiriau ef: 'Y Sioe yw ffenest siop ein cynnyrch amaethyddol. Mae'n bwysig ein bod yn cadw'r ffenest yma'n llawn. Y Sioe hefyd sydd wedi cadw'r cysylltiad dros y blynyddoedd rhyngom ni'r ffermwyr a Llywodraeth ein gwlad. Gobeithio y gellir perswadio hwy i fod ag ymddiriedaeth yn ein diwydiant – ffermwyr yw brenhinoedd cadwraeth a chynhyrchu bwyd i bobl y byd.' Mor berthnasol yw'r geiriau yma heddiw.

Yn Agoriad Swyddogol Sioe 2010 dywedodd ei gyfaill mynwesol, y diweddar Arglwydd Elystan Morgan, 'Fel bridiwr, fel dyn cŵn defaid, fel tenor o fri uchaf, fel cyfathrebwr, fel sylwebydd ac fel difyrrwr rydych chi, Mr Llywydd, wedi llwyddo i greu'r ddelwedd fwyaf atyniadol o gefn gwlad Cymru. Diolch i chi am yr arweiniad ysbrydoledig yr ydych yn ei roddi i'r bröydd gwledig; diolch am fod y ffigwr bachgennaidd, di-rodres, cellweirus ag yr ydych chi. Y trydanol ebolyn – Ceredigion yw cartref y Cob Cymreig hynod a chi yw'r cobyn mwyaf bywiog a fagodd yr hen sir erioed!'

Anodd iawn rhagori ar y disgrifiad yna.

Yn ystod ymgyrch 2010 fe arweiniodd Dai, gydag Olwen wrth ei ochr, dîm arbennig o wirfoddolwyr brwdfrydig gan godi dros bedwar cant o filoedd o bunnoedd tuag at y Neuadd Fwyd yn Llanelwedd. Fel y dywedwyd, teimlai Dai yn angerddol am drefniant y 'Sir Nawdd' a gwireddwyd ei freuddwyd yn yr ymdrech yma.

Mae cyfraniad oes Dai Jones i Sioe Frenhinol Cymru yn amhosib i'w fesur mewn geiriau. Un llun sy'n aros yn y cof yw ei weld yn pwyso ar ei hoff ffon fugail, yn chwifio ei het ar bnawn Mercher, wrth i Bencampwr y Cobiau Cymreig redeg o'i flaen yn y Prif Gylch.

Ie, i'r gweddill ohonom roedd yntau'n BENCAMPWR hefyd!

Cyfrinach fawr
Dai Jones

Cenwyn Edwards

FE GWRDDAIS I â Dai am y tro cyntaf ar y dydd Sadwrn yn Eisteddfod Genedlaethol Rhydaman ym mis Awst 1970. Roeddwn i'n gweithio yn fy eisteddfod gyntaf fel ymchwilydd ar raglen *Y Dydd* gan HTV. Fy nhasg ar ddiwedd y prynhawn hwnnw oedd aros tu ôl i'r llwyfan ar gyfer beirniadaeth Gwobr Goffa David Ellis a thywys yr enillydd yn syth i bafiliwn a stiwdio HTV ar y Maes. Yn fuddugol y diwrnod hwnnw roedd Dai Jones o Lanilar. Fe redodd Dai a finnau y canllath a hanner o gefn llwyfan yr hen bafiliwn a dim ond llwyddo i gyrraedd stiwdio HTV wrth i gerddoriaeth agoriadol rhaglen *Y Dydd*, a ddarlledwyd yn fyw bob nos, gael ei chwarae. Dyna fy nghyfarfyddiad cyntaf i â Dai Jones Llanilar. Roedd e'n foi hynod o hynaws a serchus.

Rai blynyddoedd yn ddiweddarach fe ddes i nabod Dai yn well pan ymddangosodd yng nghantîn HTV ym Mhontcanna yng Nghaerdydd. Dai oedd cyflwynydd newydd *Siôn a Siân*, y rhaglen unigryw honno am berthynas gŵr a gwraig – pa mor dda oedden nhw'n adnabod ei gilydd? Roedd sawl cyflwynydd wedi bod ond fe ychwanegodd Dai elfen newydd a ffres. Ar ddiwedd pob rhaglen roedd Dai yn canu cân, gyda Janice Ball yn cyfeilio, ac yn defnyddio ei ddawn gynhenid i ddiddanu'r gynulleidfa yn y stiwdio ac o flaen y teledu gartref.

Roedd gweld Dai yn y cantîn ym Mhontcanna yn codi ysbryd pawb, ac roedd pob un yn teimlo'n well o'i weld. Byddai stori fach gan Dai yn gwella'r cinio. Roeddech chi eisiau bod ar yr un ford â Dai! Dai oedd yn serennu yng nghanol yr actorion enwog a'r cyflwynwyr gwych oedd yn yr un ystafell.

Wedi sawl blwyddyn lwyddiannus yn cyflwyno *Siôn a Siân* fe benderfynodd un o gynhyrchwyr ffeithiol HTV, Geraint Rees, y byddai Dai yn berffaith i gyflwyno cyfres newydd o'r enw *Cefn Gwlad*. Roedd Geraint o'r farn y byddai dawn dweud a chynhesrwydd Dai gerbron cynulleidfa stiwdio yn gallu trosglwyddo i sefyllfa *Cefn Gwlad*. A dyna ddechrau ar ddeuawd hynod lwyddiannus a chynhyrchiol gyda Dai yn cyflwyno a Geraint yn cyfarwyddo a chynhyrchu. Fe barodd hyn am dros ugain mlynedd tan farwolaeth ddisymwth Geraint Rees.

Naturioldeb Dai o flaen camera oedd y peth mwyaf amlwg dros y cyfnod fuon nhw'n gweithio gyda'i gilydd. Dyna oedd yn denu pobol i wylio'r rhaglenni. Daeth hi'n amlwg bod Dai ddim yn hoff o ddŵr afonydd na dŵr y môr. Ond roedd e'n fodlon mentro ac roedd ei betrusrwydd a'i allu i gwympo i mewn i afonydd yn destun hiwmor cyson. Fe gwympodd i mewn i afonydd Teifi a Thaf sawl tro! Roedd parodrwydd Dai i ddangos ei wendidau a'i ofnau yn cwympo a methu yn destun comedi mewn sawl rhaglen. Yr enwocaf, mae'n debyg, oedd Dai yn trio dysgu sgio yn y rhaglen *Dai ar y Piste*, ac yntau'n methu'n lân â meistroli'r grefft o lithro'n osgeiddig lawr llethr o eira.

Perthynas gymhleth oedd yr un rhwng Dai a Geraint Rees. Pan oeddwn yn gomisiynydd yn S4C fe fyddai

Geraint yn dod i ymweld â mi ryw ddwywaith neu dair y flwyddyn i ddweud ei fod yn ei chael hi'n anodd delio gyda Dai gan ei fod yn gymeriad mor fawr! Byddwn i'n ei atgoffa mai dyna pam roedd Dai yn llwyddo fel cyflwynydd, sef oherwydd ei fod yn gymeriad mor fawr! Bob tro ar ôl y sgwrs gyda Geraint byddai Dai yn siŵr o ymddangos yn y swyddfa i fwrw ei fol a sôn mor anodd oedd ufuddhau i ofynion Geraint fel cynhyrchydd. Ond parhau wnaethon nhw i gydweithio am ugain mlynedd, ac mae'n bosib y bydden nhw wedi parhau am ugain mlynedd arall oni bai am farwolaeth annhymig Geraint. Efallai ei fod o help nad oedd Dai a Geraint yn cymdeithasu rhyw lawer gyda'i gilydd. Hyd yn oed pan oedden nhw allan yn ffilmio byddai Dai a'r criw yn aros mewn gwesty neu dafarn tra byddai Geraint yn aros dros nos mewn lleoliad arall ac yn gwneud ei drefniadau ei hunan!

Gan ei fod yn gymeriad mor gynnes roedd Dai yn dod ymlaen gyda'r rhan fwyaf o bobol. Roedd Dai hefyd yn gallu adnabod cymeriadau diddorol a ddeuai ar eu traws tra'n ffilmio'r gyfres gan ddenu'r gorau ohonynt a'u cael i adrodd eu storïau personol yn huawdl a naturiol. Enghraifft o hyn oedd y rhaglen a wnaed am fois Nantllwyd, brodyr o ardal anghysbell ym mhlwyf Llanddewi Brefi a oedd yn byw bywyd syml, hen ffasiwn gan deithio'n rheolaidd ar gefn ceffyl i Dregaron – Cowbois Ceredigion!

Ond yr un fwyaf enwog, mae'n debyg, oedd y rhaglen a wnaethpwyd gyda Don Garreg Ddu, ffermwr o sir Drefaldwyn oedd yn dwlu mynychu gornestau reslo. Y fath sbort gafodd y Dai a Don a'r gynulleidfa – wrth iddyn nhw ymweld ag un ornest arbennig yng Nghroesoswallt!

Hoff le Dai yng Nghymru gyfan, os nad y byd, oedd maes y Sioe Amaethyddol yn Llanelwedd. Roedd yn taro ar gymaint o bobol roedd yn eu hadnabod yn y Gymru wledig yn ystod y Sioe Fawr ym mis Gorffennaf, ond yn arbennig yn y Sioe Aeaf. Roedd hyn yn peri anawsterau di-ri i'r criw oedd yn gweithio gydag ef, gan ei bod hi'n cymryd mor hir i fynd o un lle i'r llall! Roedd cymaint o ffrindiau gyda Dai ar y Maes ac roedd pawb yn awyddus i gael gair gydag ef ac, wrth gwrs, roedd Dai eisiau siarad â nhw hefyd. Dyn pobol oedd Dai, wrth ei fodd yn siarad â phawb, yn Gymraeg ac yn Saesneg. Siaradai Saesneg gyda'i acen Cocni annisgwyl oherwydd yn Llundain y cafodd ei fagu cyn symud yn ôl i Gymru yn blentyn.

Does dim dwywaith ei fod wedi creu argraff ar y bobol y bu yn eu ffilmio. Un enghraifft yw cydnabod i mi, Eirian 'Adclad', fel yr adwaenir ef yn lleol, a lwyddodd i berswadio Dai i fynd lan mewn balŵn aer poeth dros Ddyffryn Tywi nôl ym mis Medi 1986. Mae Eirian yn dal i sôn am y profiad cofiadwy o hedfan Dai yn y balŵn ac roedd Dai hefyd yn dal i sôn am y profiad hwnnw fel un o'r rhai mwyaf pleserus iddo eu cael erioed.

Ar ôl marwolaeth Geraint Rees, bu Dai yn lwcus i gael cymorth cynhyrchu gwych gan Phil Lewis, cyfaill mawr iddo, a chriw Slam gyda Geraint Rhys Lewis ac Aled Llŷr. Yr hyn maen nhw i gyd yn cytuno arno yw bod mewnbwn Dai a'i ddawn i chwerthin a chyfathrebu gyda phobol yn allweddol i lwyddiant cyfresi *Cefn Gwlad*.

Bydd y cyfresi hyn yn adnodd gwerthfawr i haneswyr cymdeithasol am flynyddoedd i ddod er mwyn deall sut le oedd cefn gwlad Cymru ar ddiwedd yr ugeinfed ganrif ac ar ddechrau'r unfed ganrif ar hugain. Efallai bod y rhaglenni ddim yn adlewyrchu'r Gymru wledig gyfoes ond, yn hytrach, yn ddarlun cywir o sut roedd pethau'n arfer bod yng nghefn gwlad ryw chwarter canrif yn ôl.

Nodwedd amlycaf Dai ar y teledu oedd ei ddawn i adnabod cymeriadau naturiol a rhoddi rhwydd hynt i'r bobol hynny gamu i'r llwyfan a chael y gofod i ddangos eu doniau naturiol. Roedd e'n fodlon ildio'r cylch golau ond hefyd yn barod i wneud ffŵl o'i hunan a chamu o'r neilltu er mwyn gwneud gwrthrych y rhaglen yn gyfforddus. Dyna oedd cyfrinach fawr Dai Jones. Diolch, Dai.

Mae ei enw yn ddigon i godi gwên

Margaret Williams

M R *CEFN GWLAD*, M R *Ar Eich Cais*, Mr *Siôn a Siân*, Mr *Y Sioe Fawr*, Mr *Ar y Piste*, Mr Rhuban Glas... ymlaen ac ymlaen. Oedd, mi roedd Dai yn feistr arnyn nhw i gyd, ond yn fwy na dim yn feistr ar nabod pobol.

Mi fûm i mor lwcus i gydweithio ag o lawer gwaith, a hynny bob amser, ar lwyfan neu deledu, yn brofiad tu hwnt o bleserus, Dai bob amser yn gyfeillgar, yn llawn hwyl ac yn gwbwl broffesiynol.

Roedd ein cyfeillgarwch yn mynd nôl i'r chwedegau, pan oeddem ein dau yn ifanc ac yn eiddgar, wrth ein bodd yn cael canu 'ar y BBC' mewn cyfres radio o'r enw *Sêr y Siroedd*. Mi roedd Dai yn unawdydd i dîm sir Aberteifi, a finnau i sir Fôn, felly roeddem ein dau'n cystadlu yn erbyn ein gilydd! Daeth y ddwy sir i'r rownd derfynol fwy nag unwaith, ac yna, o'r diwedd mi ddaru ni gyfarfod wyneb yn wyneb, cystadlu unwaith eto, ond y tro hwn yng Ngŵyl Fawr Aberteifi, ac o'r eiliad honno, dod yn ffrindiau oes. Go brin ein bod ni'n meddwl 'radeg hynny y bydden ni'n dau'n mynd ymlaen i ganu am ddegawdau lawer efo'n gilydd.

Roedd hi'n anodd iawn canu hefo fo ambell waith,

Mae ei enw yn ddigon i godi gwên

achos roedd o'n un drwg am drio 'nghael i chwerthin, ac yn llwyddo hefyd mewn sawl cyngerdd. Ei gofio fo'n dod â phot blodau i mi unwaith ar ganol 'Hywel a Blodwen', dro arall llusgo'i hun ymlaen i'r llwyfan wedi'i wisgo mewn dillad carpiog blêr!

Mi fyddwn i bob amser yn rhyfeddu at ei ffraethineb sydyn, doedd wahaniaeth o gwbwl be fyddai'n digwydd mewn cyngerdd, roedd Dai'n siŵr o gael y gynulleidfa i rowlio chwerthin.

Cofio'r ddau ohonom ar raglen deledu o flaen cynulleidfa, Hywel Gwynfryn yn gofyn i mi oedd gen i blant, 'oes, dau,' meddwn i, gofyn 'run peth i Dai, 'oes, un,' medda yntau, a medda finna'n ysgafn, 'o 'nesh i'n well na chi, 'n do', 'do,' medda Dai'n syth, 'gollish i'r resipi'!

Ffermwr, cyflwynydd, canwr, digrifwr... beth oedd orau ganddo, tybed?

Yr ateb ges i ganddo i'r cwestiwn yna oedd 'Canwr', a phrawf o hynny i mi oedd y ffaith ei fod yn trafaelio i fyny i Rosllannerchrugog yn wythnosol am hyfforddiant lleisiol gan y cerddor athrylithgar, Colin Jones.

Canlyniad yr hyfforddiant arbennig oedd i Dai gael gwireddu ei freuddwyd, sef ennill y Rhuban Glas, Gwobr Goffa David Ellis, yn 1970.

Roedd ar ben ei ddigon a wir, roedd 'y llais' a'r Eisteddfod yn golygu cymaint iddo, ac mi roedd 'y llais', fel canwr ac fel cyflwynydd, yn golygu cymaint i ni, y gynulleidfa, drwy Gymru gyfan.

Mae colled enfawr ar ei ôl, doedd neb tebyg i Dai.

Gorffwys yn braf, Dai annwyl, tan ganu!

Sbort o'r dechre i'r diwedd

Jenny Ogwen

Do, fe fues yn gweitho gyda Dai am flynydde ar *Siôn a Siân* a wedd e'n fraint i gael y cyfle i weitho gyda pherson mor unigryw. Dwi'n cofio'r tro cynta wnes i gwrdd â Dai. O'n i'n gwbod pryd 'ny y bydde gyrfa hir o'i fla'n.

Tra wedd Sara'n fabi ges i gyfle i fynd 'nôl i weitho – a 'nôl wedd e ym mhob ystyr achos mi es i i neud *Siôn a Siân*. Wedd Dewi Richards wedi gadel y rhaglen a'r gêmfeistr newydd wedd I B Gruffydd o Gaernarfon: bues i'n gweitho gydag IB am ddwy gyfres. Pan benderfynodd IB roi'r gore iddi, fuo 'na chwilio am gêmfeistr newydd a nifer o ddynion yn y ffrâm. Nethon nhw ofyn i fi fod yno yn ystod y cyfweliade i gyd. Sai'n cofio sawl dyn welodd Ieuan Davies y cynhyrchydd ond rodd 'na nifer fowr, dwi'n cofio.

Yr ola wedd bachgen ifanc iawn o'r enw Dai Jones o Lanilar. Dwi'n 'i gofio fe'n dod miwn i'r stiwdio. Gofynnodd Ieuan iddo sefyll ar ben ysgol, troi i wynebu'r camera a gweud cwpwl o eirie. Wên i'n siŵr o'r foment 'na taw Dai fydde'r Siôn nesa. A dyna ddechre ar gyfnod newydd arall yn fy mywyd, *Siôn a Siân* gyda Dai. Nes i fi ddarllen llyfr Dai wnes i ddim sylweddoli bod teulu Dai a theulu Ieuan Davies yn ffrindie yn Llunden flynyddoedd ynghynt.

Mi halodd ni gyd i chwerthin a ddim dilyn y sgript o gwbwl! Dyna beth odd mor unigryw am Dai. Wedd pob rhaglen yn sbort a Dai yn neud y cystadleuwyr yn gyfforddus. Ond wnath e ddim dilyn sgript erioed. Wedd e'n taflu'r sgript i'r llawr a chario mla'n fel wedd e ishe. Dyna'n gwmws beth nath e pan recordiwyd y *Siôn a Siân* ola i ddathlu pen blwydd y rhaglen yn hanner cant!

'Drycha,' ddwedes i wrth Dai, 'well i ni ddilyn y sgript tro 'ma.'

Dyma fe'n edrych arna i a lawr i'r llawr aeth y sgript!

Ym mis Mehefin 2006 bu farw Ieuan yn 72 ôd, ac wrth i griw ohonon ni rannu atgofion wedi'r angladd, mi sylweddolon ni gyment o hwyl wedd Ieuan, fel cynhyrchydd, wedi'i roi yn ein bywyd ni yr adeg honno. Wedd e a Dai ('David' fel wedd Ieuan yn 'i alw fe) yn deall 'i gili i'r dim a chwerthin yn dod yn naturiol bob tro wên ni gyda'n gili.

Alla i weud heb flewyn ar 'y nhafod taw dyma'r amser â mwya o sbort ges i eriôd yn gweitho ar raglen. A gweud y gwir, wedd e ddim fel gwaith o gwbwl. Wên ni'n recordio rhyw beder rhaglen ar y tro, fynycha ar ddydd Sadwrn. Gan fod Dai a'i wraig Olwen yn rhedeg ffarm fowr yn Llanilar, dydd Sadwrn fydde'n siwto Dai yn well nag unrhyw ddiwrnod arall. Hyd yn ôd ar ôl peder rhaglen wên i byth yn teimlo'n rhy flinedig.

Ar ddiwedd pob rhaglen fydde Dai'n ymateb i'r ceisiade'n gofyn iddo fe ganu – wedi'r cyfan, dyma un o denoried gore Cymru ac enillydd y Rhuban Glas. Dyna pryd cwrddes i gynta â Janice Ball. Cyfeilyddes heb 'i hail yw Janice, we'n gallu newid cyweirnod ynghanol cân os wedd Dai ishe, a'r gynulleidfa ddim tamed callach.

Oherwydd poblogrwydd *Siôn a Siân* penderfynodd Ieuan Davies fynd â'r sioe ar daith a dyna ddechre ar drafaelu rownd Cymru yn cynnal nosweithie *Siôn a Siân*; Janice a fi yn dechre o Gaerdydd a Dai yn cwrdd â ni, wastad ar ôl godro, lle bynnag wedd y cyngerdd i fod. Gan amla cynhelid y cyngherdde mewn festri capeli neu neuadde pentre, a gwledd o fwyd yn ein dishgwl. Weithie wên ni'n gorfod newid yn stafell y diaconied! Mi fydden i wrth fy modd yn gwisgo'r ffrogie pert 'ma ar gyfer *Siôn a Siân* a wastad yn mynd â'r rhai perta i'r cyngherdde. Wedd lot o dynnu coes, fel allwch chi ddychmygu.

Pan wên ni ar yr hewl fydde jôcs Dai yn cochi a Janice a finne'n clywed jôcs newydd bob tro. Bydde fe'n gorfod bod yn fwy gofalus â'r jôcs yn y stiwdio ond mi fydde Dai bob amser yn nabod 'i gynulleidfa i'r dim ac yn mynd cyn belled ag y bydden nhw'n fodlon 'i dderbyn.

Dyma pryd es i i ofyn i Lisa Erfyl a fyse hi mor garedig â rhoi gwersi cerdd dant i fi. Wedd ddim llawer o gerdd dant yn Crymych pan wên i'n tyfu lan ond mi ffeindies i'r profiad newydd yn help i golli'r cryndod fydde yn y llais pan wên i'n ferch fach. Falle wên i'n llai nerfus achos wedd Dai yn canu gynta, wedyn wên i'n canu ac yna i gwpla'r nosweth ar ôl y cystadlu wedd y ddau ohonon ni'n canu deuawd. Rhan fynycha, 'Madam, will you walk' neu 'Ble rwyt ti'n myned, fy ngeneth ffein i' wedd y rheini. Gath record 'i neud o'r ddau ohonon ni'n canu. Llais Dai sy 'na fwya, wrth gwrs – wedi'r cyfan, dyna pam fydde'r rhan fwyaf am brynu'r record – ond ges i ganu dwy gân a gawson ni ddeuawd. Yn Abertawe recordion ni'r caneuon a'r drygioni wnaeth Dai a Ieuan wrth i fi gyrraedd y stiwdio recordio, wedd rhoi arwydd mowr lan mewn ysgrifen fras – 'MARIA CALLAS THIS WAY'. Wên nhw wastad yn tynnu 'nghoes i a minne'n cwmpo amdano bob tro. A gweud y gwir wedd gweitho gyda Dai yn sbort o'r dechre i'r diwedd.

Fuo gweitho gyda Dai a Ieuan Davies ar *Siôn a Siân* yn amser hapus iawn, ac wên i'n meddwl weithie fyse fe'n para am byth, ond fel pob peth da wedd e'n siŵr o ddod i ben. Fuodd 'na sawl merch arall yn *sidekick* i Dai ar *Siôn a Siân* ond o bryd i'w gili wên i wastad yn cael dod 'nôl i neud cyfres arall. A rhyfedd o beth, wedd Dai ac Olwen ac Euryn a fi yn y Marine yn 2007 mewn noson i godi arian at yr Ŵyl Gerdd Dant yn Ystrad Fflur – a *Siôn a Siân* wedd adloniant y noson!

Wedd Dai wrth gwrs yn cyflwyno'r rhaglen *Rasus* yn y gogledd. Ac yn ystod y gyfres wedd 'na 'Ladies Day', 'run fath ag Ascot a gweud y gwir. Beth bynnag, nethon nhw hedfan fi lan i Lerpwl mewn awyren *six seater*! Wedd Dai wedi cyrradd yn barod ac wrth 'i fodd yng nghanol y merched gyda'u hetie crand. Beth wên i byth yn gallu credu wedd yr egni wedd gyda Dai tuag at beth bynnag wedd e'n neud – p'un ai mas yn Awstralia yn ffilmo neu ffilmo rhaglen sgïo yn yr Alps. Wedd y ddawn gydag e i neud y gwylwyr i chwerthin. Bydd neb tebyg iddo byth mwy.

Wnâi fyth anghofio y blynyddoedd yn ei gwmni a wy'n ddiolchgar am gael gweitho gydag e. Wnâi fyth anghofio Dai Jones Llanilar. Diolch i ti, Dai, am neud popeth mor rhwydd i fi.

Chwerthin ar y daith

IFAN GRUFFYDD

Y FLWYDDYN OEDD mil naw wyth saith, cael galwad ffôn gan gwmni teledu o Gaernarfon oedd yn cynhyrchu cyfres o dreialon cŵn defed rhwng y de a gogledd Cymru. Y syniad gwallgo oedden nhw wedi'i gael ar gyfer y rhaglen ola oedd cynnal rhyw fath o dreial 'seléb' rhyngddo fi a Trebor Edwards, er nad oedd yr un ohonom bryd 'ny yn cystadlu efo cŵn defed. Roedd y cyfan wedi ei drefnu, fi i gael benthyg ci a chael gwersi gan Idris Morgan, Trefenter a Trebor i gael ei gi e a gwersi gan Wyn Edwards, Rhuthun, dau bencampwr yn y byd treialon cŵn defed.

Tua wythnos cyn y gystadleuaeth, dyma fi yn cael galwad ffôn wrth Dai Jones, oedd yn sylwebu ar y gyfres, yn rhoi gwahoddiad i fi fynd gyda fe i goleg Glynllifon: 'Rwy'n trafeili fyny fy hunan a bydd hi'n neis cael dy gwmni.' Dyma ddiwrnod na wna i ei anghofio byth. Cyrraedd Fferm Berthlwyd yn weddol gynnar y bore hwnnw a bant â ni – dwi ddim yn credu mod i wedi mwynhau y daith i Gaernarfon gyment erioed. Rown i'n rhyfeddu fel bydde Dai yn pwyntio allan gwahanol ffermydd ar y daith a'r cymeriade oedd yn byw yno, cael rhyw stori am ambell berchennog a rhan fynycha cael dynwarediad ohono fe a'i wraig.

Wel, ar ôl gorffen recordio yn weddol gynnar y prynhawn, dyma Dai yn gofyn i fi: 'Sdim hast arnat ti i fynd adre o's e?' Finne'n ateb, 'Na, dim o gwbwl.' 'Gan bo fi lan 'ma heddi,' medde Dai, 'fe hoffen i alw gyda Alan Lleiar Bach, Pontllyfni, ma fe newydd ddod adre o'r ysbyty.' Sôn oedd e, wrth gwrs, am Alan Jones, heb os, un o'r goreuon a welodd Cymru erioed yn y byd treialon cŵn defed, ac fel un sydd â diddordeb yn y byd hwn, roeddwn i wrth fy modd i gael cwrdd ag un o 'legends' Cymru. A gyda llaw, falle bo chi wedi sylwi bod yna gerflun yn y Sioe Fawr o ddyn a chi defed a rhyw ddwy ddafad, ar y ffordd i fyny at neuadd Glamorgan. Ie, cerflun o Alan Jones.

Beth bynnag, cyrraedd Lleiar Bach a Dai yn cael croeso brenhinol gan Alan a'i wraig a finne hefyd yn 'i sgil e. Roedd e werth clywed Dai ac Alan yn storïa ac i gapo'r cwbwl, te prynhawn Mrs Jones yn werth rhoi bola iddo. Wedyn, wedi gweld ci neu ddau yn perfformio yn ca' tu ôl i'r tŷ, ffarwelio a throi am Geredigion a Dai yn stopo i ffono adre i roi rhyw amcan pryd y bydden ni yn cyrraedd. Pan gyrhaeddon ni Berthlwyd ces i ddim dewis ond mynd i'r tŷ lle'r oedd Olwen wedi paratoi gastronomic o swper ar ein cyfer. Na, dim swper oedd e, ond cinio anferth achos roedd yna ddwy porc chop ar fy mhlât i, un fydden i yn 'i fwyta fynycha, ond fe fytes i'r ddwy y noson honno ym Merthlwyd. Ie! Diwrnod i'w gofio yng nghwmni Dai.

Roeddwn i yn nabod Dai Jones flynyddoedd cyn i fi erioed ddechre ar S4C fy hun, 'nôl yn y dyddie pan oeddwn i yn aelod o Ffermwyr Ifenc Tregaron. Roedd Dai yn un o arweinwyr clwb Llanilar bryd 'ny a byddem yn cwrdd yn y gwahanol gystadlaethe a roedd yna hefyd gysylltiad teuluol gydag Olwen, ei wraig, ag ardal Rhiwdywyll, lle rwyf i'n byw. Roedd teulu Olwen yn enedigol o'r ardal ac roeddwn inne, fel pawb arall, wedi ei weld ar raglenni fel *Cefn Gwlad* a *Siôn a Siân*. Ar y cyfresi cynta o *Ma Ifan 'Ma* roeddwn yn gwneud pethe rhyfedd iawn i'm gwesteion e.e. rhoi gwersi actio i John Ogwen o bawb, a dysgu Aelod Seneddol Ceredigion, Geraint Howells a hefyd Dafydd Êl, sut i fod yn well gwleidyddion. Wel! Roedd rhaid cael Dai Jones yn westai ac fe gefais i'r syniad bo Gillian Elisa a fi yn rhyw fath o 'Bonni a Clyde' Cymraeg oedd yn mynd ar *Siôn a Siân* ac yn gwneud rhyw fath o *hold up* ar ganol y rhaglen a dwyn y jacpot. Wedyn roedd Dai yn gorfod stopo a rhoi ei ddillad i ni a gwn yn pwyntio arno fe. Wel! Roeddech yn gallu gwneud pethe fel'ny bryd 'ny. Roeddwn i wedi trefnu bod Dai yn gorfod canu yn ei ddillad isa ar ddiwedd y rhaglen a'r ddwy linell allan o un o ganeuon Trebor, 'yma fy hunan, nid wyf ond bychan'. Lot o sbort a hwyl.

Ar hyd y blynydde fe fuodd Dai yn westai gyda fi ar *Ma Ifan 'Ma* tua tair gwaith ond rwy'n credu mai yr ail waith oedd y clasur. Erbyn hynny roeddwn i wedi creu cymeriad o'r enw Jams y Cardi, y ffarmwr mwyaf cybyddlyd a mên ar wyneb y ddaear. Fe aeth Euros Lewis a fi ati i sgwennu sgets lle y bydde Dai yn dod at Jams i wneud rhaglen *Cefn Gwlad* ar ei ffarm yfflon. Ffilmiwyd y cyfan yn ardal Brechfa, sir Gaerfyrddin. Ar ddechre'r rhaglen roedd Dai yn dod i gwrdd â Jams wrth y gât ger y clos ac wrth i Dai gyffwrdd â'r gât roedd hi'n cwympo a thorri'n deilchion a Jams yn dweud wrtho mai honno oedd y gât ore oedd ganddo ar y ffarm a bydde rhaid iddo dalu, a fe waethygodd pethe o f'yny ymla'n. Yn y stabal roedd gwraig Jams, Mari Gwilym oedd yn actio ei rhan, yn pedlo fflat owt ar gefn beic oedd ddim yn symud, er mwyn creu trydan i'r ffarm. Yn ystod y dydd roedd Jams wedi gofalu bod digonedd o waith yn aros Dai, carthu'r beudy, casglu'r defed yn y cae, cymysgu iogwrt ac yn y diwedd roedd Dai yn cael dolur ac ambiwlans yn gorfod dod i'w mofyn. Llinell ola Jams wrth weld yr ambiwlans yn gadel y clos oedd: 'trueni na fyse fe wedi dod ar ddiwrnod bisi'.

Bois bach! Am ddiwrnod o chwerthin a Dai yn ad-libo ei ffordd drwy'r cyfan. Ie, sôn am sbort. Rai blynydde ar ôl hynny roeddwn yng Nghaerdydd yn ffilmo rhywbeth ac roedd un o'r criw wedi bod gyda ni yn ffilmo'r sgets Jams a Dai. Sais oedd heb fod yn deall llawer o Gymraeg oedd e ond fe ddwedodd e wrtha i ei fod e wedi chwerthin mwy y diwrnod hynny nag yn ystod unrhyw beth oedd e wedi gweithio arno erioed. Fedrech chi ddim cael gwell beirniadaeth am sgets na hynny. Mi fydde'n braf cael ei gweld hi eto, ma hi rywle yn llyfrgell S4C. Heb os nac oni bai roedd y diwrnod hynny yn un o'r atgofion gore sy 'da fi o weithio gyda Dai.

Fyddwn i ddim yn cwrdd â Dai yn amal iawn o fewn y byd teledu, heblaw ei fod e yn digwydd arwain Noson Lawen pan fyddwn i yn cymeryd rhan. Cofio gwneud dwy Noson Lawen y flwyddyn newydd yn ei gwmni a roedd rheini yn mynd allan yn fyw a'r amseru yn gorfod bod yn weddol berffeth i groesawu y flwyddyn newydd i mewn. Cofio bod yn stiwdio Barcud, Caernarfon yn gwneud un rhaglen, yn ystod y toriad roedd rhaid i Dai newid ei drowser er mwyn gwisgo cilt a hynny o fewn rhyw ddwy funud. Ond 'na fe, roedd e'n feistr ar wneud teledu byw ac yn mwynhau y cyffro. Cofiaf un tro arall roeddwn i yn westai ar raglen *Rasus* yn Tir Prince, honno hefyd yn rhaglen fyw, ac roedd Dai yn eistedd wrth y ddesg a finne wrth 'i ochor e. Dyna llc'r oedd e yn dweud rhyw stori wrtha i am gymeriad o Langwyryfon ac roedd Magwa, y rhcolwr llawr, ar ei benglinie o flân y ddesg yn cyfri Dai lawr i ddechre'r rhaglen. Deg... naw... a Dai wrthi yn llawn hwyl yn dweud y stori wrtha i. Fe orffennodd Dai ei stori pan oedd Magwa wedi cyfri lawr i dri a dyna fe, o fewn eiliad dyma Dai yn troi i'r camra gyda: 'Nosweth dda i chi gyd. Ie, croeso i raglan arall o *Rasus*', a hynny mor ddi-ffws â phe bai e wedi bod yn disgwyl ers orie. Bois bach! Fe dynnes i fy hat iddo fe wrth ei weld y noson honno. Ond i gyd-fynd â bod yn mwynhau gwneud teledu byw roedd e heb os ac oni bai yn FRENIN yr ad-lib. Fe allai Dai ad-libio ei ffordd drwy unrhyw sefyllfa a hynny yn naturiol ddoniol.

Mae 'na stori dda a hollol wir amdano fe'n dod i siarad â rhyw gymdeithas yn Tregaron. Ar y pryd hynny roedd cofgolofn Henri Richard, sydd ar y sgwâr, wedi cael ei hamgylchynu gan fariwns haearn, am fod rhyw waith yn cael ei wneud arni. Y peth cynta ddwedodd Dai ar ôl cael ei groesawu oedd: 'Wel! Ers i fi fod yn Tregaron ddwetha rwy'n gweld bo chi wedi rhoi Henri mewn cenel' ac ar ôl llinell agoriadol fel'na roedd e'n iawn am y nos. Fe wnes i ei edmygu fe yn fawr iawn un nosweth mewn cyngerdd mawr oedd yn cael ei gynnal ym mhafiliwn Eisteddfod yr Urdd yn ardal Abertawe, alla i ddim cofio'r flwyddyn, a'r noson yma roedd e wedi dweud falle y bydde fe yn 'weddar yn cyrraedd am ei fod e'n ffilmo rhywle yn y gogledd. Wel, anghofia i byth ei weld e'n cyrraedd cefen llwyfan, lle'r oedd pawb yn barod i fynd. Dai yn cyrraedd, wrthi yn tynnu ei got ar y ffordd mewn, a dim amser i gael eiliad iddo ei hun. Dim ffws, un o'r trefnyddion yn rhoi rhaglen y nos iddo a fe gerddodd yn syth i'r llwyfan i ddechre arwain y noson, lle'r oedd rhyw bymtheg cant o gynulleidfa ac o fewn eiliade roeddech yn clywed y chwerthin a'r mwynhad yn dechre. Pwyse? Pa bwyse?

Yr amser mwyaf wnes i dreulio yng nghwmni Dai oedd pan fydden ni yn teithio efo'n gilydd i wahanol gyngherddau ar hyd a lled y wlad. Tua wythnos cyn ryw gyngerdd fe fyddwn yn cael galwad ffôn gan Dai a fydde'n mynd rhywbeth fel hyn: 'Y'n ni yn y fan a'r lle nos Wener. Sdim ise mynd â dau gar. Fe alwa i amdanat ti tua pump o'r gloch neu rywbeth tebyg.' Fe wnes i deithio sawl gwaith gyda fe i rai o gyngherdde mawr yr Urdd fydde'n cael eu cynnal bob blwyddyn yn Pontarddulais. Roedd un peth da amdano fe, fydde fe'n rhoi digon o amser i drafaelio i ble bynnag y bydden ni'n mynd a bydde fe'n gyrru yn ofalus a hamddenol. Yn amal fe fydde fe wedi bod yn gyrru am oriau cyn galw gyda fi os oedd e wedi bod yn ffilmo yn ystod y dydd yn y gogledd efallai, a'r cyngerdd yn y de. Wrth gwrs, fe fyddwn i yn cael awr neu ddwy o adloniant ar y ffordd, storïau am gymeriadau roedd e wedi cwrdd ar ei deithie, rhannu sawl jôc. Roedd e wrth ei fodd gyda storïau a jôcs Gwyddelig ac roedd Dai yn gamster ar y gwahanol acenion. Oedd, roedd ganddo dalent arbennig i ddynwared bron pawb oedd e'n sôn amdano. Wel, bydden ni wedi chwerthin am filltiroedd ar y daith. Yr unig broblem oedd gen i ambell waith, oedd erbyn cyrraedd y cyngerdd roeddwn wedi ymlacio gormod ac angen amser ar ben fy hun i gasglu fy meddylie at 'i gilydd a chanolbwyntio ar y gwahanol ddeunydd own i wedi ei baratoi am y noson.

Fe gofiaf un tro wrth fynd i gyngerdd yn Pontarddulais, sgwrsio yn y car fel arfer ac roedd Dai am wybod ble oeddwn i wedi bod yn dd'weddar, y cyngherdde a.y.b. Wel, dyma fi'n dweud wrtho beth oedd wedi digwydd i fi ryw wythnos cynt mewn cyngerdd, a na, wna i ddim dweud ble, ac roeddwn wedi dod o hyd i ryw jôc – rhaid cyfadde ei bod yn go wleidyddol ac yn sôn am ddau wleidydd enwog ar y pryd – a dyma fi yn dweud y stori yn ystod y nos ac yn cael ymateb anhygoel iddi ond fe sylwes fod rhyw hanner dwsin o'r gynulleidfa wedi codi a chered allan. Cefes w'bod ar y diwedd, gan un o'r trefnwyr, fod y rhai aeth mas yn selogion pybyr o'r blaid y soniwyd amdani. Wel!

Roedd Dai wedi enjoio clywed y stori a'r unig ymateb ges i ganddo oedd: 'Bachan! Bachan! Be sy'n bod ar bobol, ew! Wy'n lyco'r stori 'na, 'achan' a wedes i: 'Allwch chi ei chael hi achos wna i ddim â hi am sbel eto.'

Wel, nes ymla'n yn y noson, gyda Dai yn arwen a'r gynulleidfa ar flân 'i fysedd e, dyma fi yn clywed Dai yn dechre dweud yr union stori, ac yn cael ymateb ffantastig iddi a weles i neb yn cered mas. Erbyn meddwl, weles i erioed ohono fe yn methu gyda jôc. Heblaw am 'i ddawn e, roeddwn i yn teimlo bob amser bod cynulleidfa ymhobman wedi ei dderbyn e ymhell cyn y bydde fe wedi cyrraedd y neuadd neu'r theatr, a pheth arall own i yn sylwi, ar ddiwedd cyngerdd, oedd gyment o bobol oedd yn aros i gael gair gyda fe. Rwy'n cofio lawr yn y de roedd yna sawl ffarmwr yn aros amdano, pobol oedd e wedi bod yn ffilmio *Cefn Gwlad* efo nhw. Pob un ohonyn nhw yn ei holi: 'Ble ma dy gar di? Ma gyda ni datws i ti.' Un arall â moron iddo, ac yn y blaen. Wel, roedd llond bŵt o lysie gyda fe ac am ddeuddeg o'r gloch y noson honno dyna lle'r oedd Dai yn cario tatws a llysie mewn i tŷ ni gyda'r geirie: 'Bachan! Bachan! Alla i ddim byta rhain i gyd.'

Dim ond un tro y gwnes i gamgymeriad yn ei gwmni. Ar ôl teithio gyda fe, fel gwerthfawrogiad o gael mynd efo fe, fe wnes i gynnig rhywfaint o arian iddo am y petrol, a'r ymateb ganddo oedd: 'Paid ti byth cynnig arian i fi am betrol eto. Mae cael dy gwmni di yn fwy o werth nag unrhyw arian.' Fel Cardi da wnes i'n siŵr i beidio gwneud y camgymeriad yna byth eto. Wrth orffen, sdim llawer mwy alla i ddweud ond diolch am gael nabod Dai a mae'r tipyn geirie yma wedi eu sgwennu er serchus gof am y llawenydd a fu.

Cefn i'r glowyr

JOHN PHILLIPS

CEFAIS FY NGENI a'm magu ym mhentref glofaol Gwauncaegurwen, neu y Waun, yn fab i golier. Roedd yno dri phwll glo ac un arall lle gweithiai 'Nhad yng Nghwmgors. Safai'r pentref wrth droed y Mynydd Du ac fel y mwyafrif o'r brodorion efallai roedd gyda ni berthnasau yn y wlad, oblegid pan fu farw Mam-gu, Llandyfri teithiodd Dad-cu dros y mynydd i'r pyllau gan adael fy mam gyda Mam-gu Carreglefain ym Myddfai. Felly, drwy fy oes fe fyddwn yn ymddiddori ym materion cefn gwlad ac yn ymweld â'r wlad ar wyliau o bryd i'w gilydd pan yn blentyn.

Wedi pum mlynedd yn Aberystwyth, treuliais nifer o flynyddoedd wedyn yn y fyddin ac yna'n dysgu yn yr East End yn Llundain. Felly, wyddwn i fawr o ddim am Dai Jones ar y cyfryngau, ar wahân i ddiddordeb Mam a'r teulu yn ei raglenni ar y radio a'r teledu. Wedi cyfnod ym myd addysg yn y De cefais swydd Dirprwy Gyfarwyddwr Addysg yn sir Aberteifi, sir enedigol Bethan, fy ngwraig, a dod i werthfawrogi'r Cardis, a hyd yn oed dod i wybod am enw'r Dai a hawliai enw Llanilar. Ond eto, ni allwn honni fy mod yn ei adnabod hyd gyfnod gofidus Streic y Glowyr yn 1984. Dyma pryd y daeth penderfyniad y Prif Weinidog, Magi Thatcher i gau'r pyllau glo ac achosi'r fath gyni a gofid i deuluoedd y glowyr ym mhentrefi fel y Waun.

Trodd y streic yn fater hollol wleidyddol wrth i Scargill, arweinydd y glowyr, a Thatcher fynd benben â'i gilydd wrth i'r heddlu gael eu galw i gadw trefn yn Orgreave yn Lloegr. Erbyn hyn roedd sir fawr Dyfed wedi llyncu tair sir flaenorol y gorllewin ac yn cwmpasu ardaloedd glofaol y Gwendraeth a Dyffryn Aman.

Roeddwn yn un o Brif Swyddogion y Cyngor Sir fel Cyfarwyddwr Addysg Dyfed. Nid oedd yn arferol i Brif Swyddog feirniadu penderfyniadau gwleidyddol ond bu'r cyfnod Thatcheraidd yn llym iawn wrth dorri'r arian ar gyfer ysgolion ac Addysg yn gyffredinol. Bu'n rhaid imi gau ysgolion a chwtogi ar y nifer o athrawon. Fi oedd yr unig Gyfarwyddwr yn y De a fedrai'r Gymraeg a Gwilym Humphreys yn y gogledd. Byddai'r galw'n gyson arnaf gan y Cyfryngau a'r Wasg i fod yn feirniadol o'r polisïau Torïaidd. Yn anffodus, Aelod Seneddol sir Benfro ar y pryd oedd Nicholas Edwards a oedd hefyd yn Ysgrifennydd Cymru. Cwynodd wrth Bob Jones, Pennaeth y Swyddfa Gymreig, fy mod i'n rhy barod i gwyno ar y cyfryngau am bolisïau'r Llywodraeth, ond yn awr roedd Streic y Glowyr yn cael effaith andwyol ar bentrefi glofaol Dyfed. Roedd hyd yn oed fy mrawd-yng-nghyfraith ymhlith y streicwyr ac fe ddaeth cynrychiolwyr y glowyr o'r Waun ataf i ofyn i mi drefnu cyngerdd i godi arian yng nghapel Carmel ac i gadeirio'r noson. Croesawais y cyfle. Ond, pa fath o gyngerdd a phwy i wahodd? Daeth enw Dai Jones i fyny, ond a fyddai ef yn barod i ddod o bellafoedd Llanilar ar noson o aeaf yr holl ffordd i'r Waun? Cysylltwyd ag ef, a chytunodd ar unwaith.

Dyna'r tro cyntaf i mi gwrdd â Dai Jones. Fel y gellid disgwyl roedd y capel yn llawn a chodwyd swm sylweddol i brynu angenrheidiau i deuluoedd y streicwyr, a oedd erbyn hyn wedi bod am fisoedd heb gyflogau. Treuliau yn unig gododd Dai am ddod ac yn ystod fy araith fel Cadeirydd cefais gyfle i ddiolch iddo.

Aeth blynyddoedd lawer heibio cyn imi ddod wyneb yn wyneb â Dai wedyn, er fod Bethan a minnau yn wylwyr a gwrandawyr cyson ar y radio a'r teledu. Roedd Bethan yn hoff iawn o recordio ei raglenni ceisiadau ar nos Sul ac maent yma o hyd. (Wn i ddim a ydym yn torri unrhyw reolau hawlfraint.)

Y tro nesaf i mi gwrdd â Dai, roeddwn yn rhinwedd fy swydd fel Is-Lywydd y Llyfrgell Genedlaethol yn ei groesawu i roi darlith yn y Drwm. Roeddwn wedi gwrando ar nifer o ddarlithwyr uchel iawn eu parch a'u cymwysterau yn y gorffennol ac yn dueddol i orfod ymladd y duedd i hepian ac edrych ar yr amser. Ond, y tro hwn, roedd naturioldeb a hiwmor Dai yn mynnu cadw hynny draw a'r cyfan heb nodyn. Bu'r Drwm dan gyfaredd ei naturioldeb a'i hiwmor am o leiaf awr. Gan nad oedd ganddo lifft adre, cynigiais fynd ag ef yn fy nghar a chefais orig arall yn ei gwmni. O hynny ymlaen, ac fel llawer un yng Nghymru, deuthum yn wyliwr a gwrandäwr cyson iawn arno.

Aeth blynyddoedd heibio cyn i mi gwrdd â Dai wedi hynny, ac i'r person arall a gysylltir â Llanilar mae'r diolch am hynny. Gan fod tri chant a hanner o ysgolion yn Nyfed, amhosib fyddai cael adnabyddiaeth o bob Prifathro. Eto, fe fyddai rhai yn dod i'm sylw am wahanol resymau. Yn eu plith roedd Beti Griffiths, Llanilar. Pan gyflwynais bolisi iaith a sefydlu ysgolion Cymraeg yn Nyfed daeth storm o wrthwynebiad, a sefydlwyd cymdeithas o'r enw Education First i'm gwrthwynebu. Roedd un o'i haelodau blaenllaw yn byw yn y pentref ond prin y gwnaeth godi ei lais ym mhentref Llanilar, gymaint oedd y parch tuag at y Brifathrawes.

Yna, daeth llythyr wrth Beti yn nodi bod Gwasg

y Bwthyn am gyhoeddi cyfrol o'i hatgofion ac yn fy ngwahodd i siarad yn y lansiad yng Ngwesty'r Marine, Aberystwyth. Pan ddeallais mai'r prif siaradwr oedd Dai Jones bu rhaid meddwl cryn dipyn. Erbyn hyn, roedd Beti fel y gweddill ohonom wedi ymddeol, ond eto ei chymwynasau yn parhau. Bu yn Ynad Heddwch parchus, yn gyfrifol am droseddwyr ifainc yn ogystal â gofalu am ieuenctid y capel. Hefyd, dechreuodd wasanaethu ar y Sul yng nghapeli bach gwledig Ceredigion a thu hwnt, ac yr wyf i ynghyd ag eraill yng nghapel Shiloh, Llanbed wedi elwa ar ei neges. Yn haeddiannol, mae wedi derbyn yr MBE a derbyniodd anrhydedd pellach gan Brifysgol y Drindod, Dewi Sant.

Teimlais hi'n anrhydedd felly i gael dweud gair yn lansiad y gyfrol ac i rannu'r llwyfan gyda neb llai na Dai Jones, Llanilar. Dros y blynyddoedd bu Beti yn ffrind teuluol i Dai ac Olwen ac erbyn hyn roedd peth gofid ynglŷn ag iechyd Dai ond llwyddodd i swyno'r gynulleidfa yn ôl ei arfer. Cafwyd noson lwyddiannus a gwerthwyd y gyfrol o fewn diwrnodau fel y bu'n rhaid cael ailargraffiad yn syth. Roedd dilyn Dai yn sialens ond gwerthfawrogais y cyfle i gael diolch iddo wedi'r holl flynyddoedd am ddod dros y Mynydd Du a heibio i 'Dro'r Gwcw' ar noson stormus i gefnogi glowyr y Waun. Diflannodd y blynyddoedd a'r atgof am y caneuon a ganwyd ond cofiaf i'r achlysur ddwyn pleser ar gyfnod gofidus iawn i deuluoedd y fro a chasglwyd swm sylweddol i'r gronfa.

Aeth y blynyddoedd yn eu blaen. Er na chefais gysylltiad personol â Dai fyth eto, fe fyddwn fel pawb yng Nghymru yn medru edmygu ei gyfraniadau ar y cyfryngau. Yn ystod ei hymweliadau â Llanbed deallais gan Beti fod iechyd Dai yn graddol ddirywio a'r dementia yn dechrau poeni.

Erbyn hyn, roeddwn innau'n gyfarwydd iawn â

symptomau'r clefyd maleisus hwn gan fod fy ngwraig, Bethan, a oedd yn awdures saith o lyfrau, gan gynnwys *Peterwell* a *Rhwng Dau Fyd – Y Swagman o Geredigion*, a nifer helaeth o raglenni ar radio a theledu fel *Dihirod Dyfed*, hithau yn diodde. Yn y diwedd bu'n rhaid iddi dreulio tair blynedd mewn cartref a cholli pob adnabyddiaeth ohonom.

Ond yn wahanol i glefydau eraill mae'n rhaid talu am ofal dros y clefyd hwn ac mae'r Gwasanaeth Iechyd yn ddidrugaredd wrth fynnu'r taliadau. Wedi ymddeol o Ddyfed cefais wahoddiad gan y Swyddfa Gymreig i ddelio â chwynion yn erbyn y Gwasanaeth Iechyd a bûm wrthi am rai blynyddoedd. Bûm yn cynorthwyo Beti George wrth baratoi'r gyfrol *Datod* i helpu teuluoedd i ddeall oblygiadau'r cyflwr a'u paratoi wrth iddynt orfod brwydro am degwch. Felly, roedd gen i beth profiad yn y maes ac yn medru cynorthwyo ychydig ar Olwen. Yn ffodus, ni fu'n rhaid i Dai fynd i gartref gofal a mawr fu gwasanaeth y gofalwyr a fu'n ffyddlon iddo fore a hwyr.

Felly, er mai ymylol fu fy nghysylltiad â Dai, daliaf i gofio am ei barodrwydd i ddod dros y Mynydd Du i helpu glowyr Gwauncaegurwen adeg eu brwydr yn erbyn Margaret Thatcher mewn cyfnod o brinder a chyni.

Gwas ffyddlon i gefn gwlad Cymru

Meirion Owen

Roedd Dai yn ffrind i bawb a bûm yn ffodus i ddod i'w adnabod a dod yn gyfeillion trwy ein diddordeb cyffredin mewn cŵn defaid.

Dyn y cŵn oedd fy niweddar dad, Ifor Owen, ac roedd yn mwynhau hyfforddi cŵn defaid. Yr adeg honno roeddwn yn byw ar Fferm Waunlas, Llanarthne sydd erbyn hyn yn rhan o Ardd Fotaneg Genedlaethol Cymru. Dw i'n cofio i ni gael galwad wrth Dai yn holi a fyddai modd iddo ddod lawr â chi ifanc i gael ei hyfforddi a dyna oedd cychwyn taith ein cyfeillgarwch a barodd am flynyddoedd lawer. Hyfforddwyd nifer o gŵn defaid i Dai yn Waunlas ac aeth ymlaen i gael cryn lwyddiant yn cystadlu yn y maes yn lleol, yn genedlaethol ac yn rhyngwladol.

O holl gŵn Dai, y ci gafodd y mwyaf o lwyddiant oedd Mal, a fuodd yn aelod o dîm Cymru yn y Treialon Cŵn Defaid Rhyngwladol yn Iwerddon yn 1997. Testun balchder mawr i ni fel teulu oedd gweld Dai yn cystadlu a chyrraedd y rownd derfynol yn Iwerddon gyda Mal a gafodd ei addysg gyntaf gyda ni yn Waunlas pan oedd e ond yn gi bach.

Ar lefel bersonol, mae fy nyled a'm diolch am fy

Gwas ffyddlon i gefn gwlad Cymru

llwyddiant i yn y byd Treialon Cŵn Defaid o ganlyniad i Dai a chi arbennig iawn o'r enw Rock. Daeth Dai lawr â Rock aton ni pan oedd yn naw mis oed ac yn profi'n dalcen caled i'w hyfforddi. Ar ôl rhai misoedd gyda ni aeth adref i Berthlwyd gyda Dai. Yn anffodus, doedd gan Dai ddim yr amser oedd ei angen i barhau i'w hyfforddi ac aeth Rock yn drech nag ef. Trwy lwc, fe wnaethon ni feddwl am ddatrysiad a fyddai'n siwtio pawb i'r dim. Fe benderfynon ni gyfnewid cŵn. Byddai Rock yn dod aton ni a Dai yn cael Nell, gast dalentog a oedd yn haws ei thrin. Gweithiodd hyn allan yn dda iawn i bawb gyda Nell yn siwtio Dai i'r dim, ac aeth Rock ymlaen gyda fi i fod yn Bencampwr Cenedlaethol Cymru.

Atgof melys arall sydd gennyf o Dai yw adeg Treialon Cŵn Defaid a digwyddiad chwaraeon plant yng Nghaerwedros. Yr adeg honno, roedd Dai yn dechrau dod yn adnabyddus ledled Cymru a dw i'n cofio ar y diwrnod hwn, pan gyhoeddon nhw ar yr uchelseinydd taw Dai Jones fyddai'r cystadleuydd nesaf yn y treialon, daeth tyrfa enfawr draw o'r maes chwaraeon i wylio Dai. Fy nhad oedd wedi hyfforddi'r ci oedd yn cystadlu gyda Dai a digwydd bod, fy nhad oedd yn beirniadu'r gystadleuaeth ar y dydd hefyd. Dw i'n cofio Dai yn cerdded allan at y postyn er mwyn cychwyn y ci lawr y cae ac wrth iddo roi'r gorchymyn arferol i'r ci fynd 'away'... 'away' aeth y ci yn syth nôl mewn i gerbyd fy nhad!

Ar ddiwrnod fel hyn gyda llawer yn ei wylio, roedd Dai yn aml yn dweud ei fod yn fwy nerfus wrth gystadlu mewn treialon cŵn defaid na phan fyddai'n sefyll ar lwyfan o flaen cynulleidfa o filoedd. Ar lwyfan, gallai weld ei gynulleidfa, ond mewn treialon, roedd ei gefn at y bobl oedd yn gwylio.

Dros dri deg pum mlynedd yn ôl, pan benderfynais

ddechrau gwneud arddangosfeydd gyda'r Quack Pack, gofynnais i Dai a fyddai e'n fodlon sylwebu wrth i mi wneud yr arddangosfa gyntaf. Roedden ni yn y Ffair Wledig yng Ngelli Aur, Llandeilo ac yn ôl ei arfer llwyddodd sylwebaeth Dai i swyno'r gynulleidfa oedd yn gwylio, yn ogystal â gwneud i fi deimlo'n gartrefol yn y cylch. Roedd yr holl beth yn edrych yn broffesiynol iawn a dyna ddechrau ar siwrnai'r Quack Pack. Erbyn hyn, ry'n ni'n teithio'r wlad yn arddangos drwy'r flwyddyn ond wna i fyth anghofio'r diwrnod cyntaf yna yng Ngelli Aur gyda sylwebaeth Dai yn fy nghlustiau yn rhoi'r hyder i fi fentro gyda'r fenter newydd.

Fe dyfodd ein cyfeillgarwch wrth i'r blynyddoedd fynd yn eu blaen gyda'r ddau ohonom yn aelodau o gyngor Cymdeithas Ryngwladol y Cŵn Defaid. Treulion ni oriau lu yn y car yn teithio i Carlisle ar gyfer cyfarfodydd y Cyngor a rhaid dweud nad oedd yr un siwrnai yn hir a diflas. Byddai oriau yn teimlo fel munudau yng nghwmni Dai, yn gwrando ar ei straeon a'i hanesion difyr. Roedd ganddo hiwmor ffraeth a dawn arbennig i ddynwared lleisiau rhai o enwogion byd y cŵn defaid. Gallwn i daeru taw nhw oedd yn siarad â fi!

Dros amser, daeth y ddau ohonom yn ein tro yn Llywyddion Cymru ar y Gymdeithas a phan fyddem eisiau codi arian tuag at drefnu treialon, neu pe bai angen sylwebydd arnon ni ar gyfer digwyddiad, byddai Dai bob amser yn hapus i roi ei amser i ni a hynny'n ddi-dâl.

Braint oedd cael y cyfle i gael Dai draw i ffilmio rhaglen *Cefn Gwlad*. Dyma brofiad allai fod yn eithaf pryderus gyda'r holl gamerâu, ond roedd Dai yn llwyddo i wneud i chi deimlo mor gartrefol, doeddech ddim yn sylweddoli eich bod chi'n cael eich ffilmio.

Mae gen i lu o atgofion melys o Dai dros y blynyddoedd

ac roedd hi'n fraint ei adnabod a'i alw yn gyfaill. Ar bob achlysur, pe bai modd iddo helpu mewn unrhyw ffordd, fe fyddai'r cyntaf i ddweud 'ie'. Roedd yn ŵr hynaws, bonheddig ac yn was ffyddlon i gefn gwlad Cymru a dw i'n ddiolchgar tu hwnt bod ein llwybrau wedi croesi a'i fod wedi codi'r ffôn flynyddoedd lawer yn ôl i ofyn am help i hyfforddi ei gŵn.

Dyn y werin,
y bonedd a'r gwrêng

EVIE JONES

Y COF CYNTAF sydd gen i o weld Dai oedd yn Eisteddfod Môn yng Nghemaes yn 1970, llanc ifanc iawn o'n i, wedi dechrau ymddiddori mewn cantorion a cherdded Eisteddfodau. Dai enillodd wobr goffa David Lloyd a fu farw y flwyddyn gynt yn 1969. Roedd yna nifer o denoriaid yn cystadlu a Dai gurodd y cwbl gyda'i ddehongliad telynegol o 'Adelaide' Beethoven, cân oedd yn gweddu yn berffaith i lais telynegol Dai a'i ddehongliad cywrain. Pa ryfedd?, oherwydd ei athro llais erbyn hynny oedd y cerddor anghymharol o'r Rhos, Colin Jones. Aeth Dai ymlaen i ennill y Rhuban Glas yn Eisteddfod Genedlaethol Rhydaman yn ddiweddarach ym mis Awst y flwyddyn honno gyda chân Beethoven. Yn ail i Dai y diwrnod hwnnw yng Nghemaes oedd Robin Roberts, Gorslwyd Bach, tenor telynegol arall a ddaeth yn gyfaill da i mi.

Y tro nesa imi glywed Dai yn canu oedd yn Gaerwen ddiwedd y saithdegau, yntau ac Elwyn Jones, y bariton o Lanbedrog, ond oedd â chysylltiad â Môn oherwydd iddo ennill y Rhuban Glas yn Eisteddfod Genedlaethol Llangefni yn 1957. Dois yn ffrindiau da gydag Elwyn hefyd. Y noson honno canodd y ddau "i hochor hi!' gydag unawdau a deuawdau apelgar.

Dwi'n cofio teithio wedyn ddechrau'r wythdegau i Langernyw, Cyngerdd Mawreddog yn y Ganolfan gyda Dai, Marian Roberts, Brynsiencyn, Mary Lloyd Davies, Llanuwchllyn ac Elwyn Jones yn canu gyda R Davy Jones, Llanfairfechan yn cyfeilio ac Euryn Jones, Dinmael yn cyflwyno'r noson. Cafwyd llu o ddeuawdau, 'Y Ddau Wladgarwr' a 'Gendarmes' efo Elwyn a 'Lovely Maid in the Moonlight' allan o *La Bohème* gan Puccini efo Marian Roberts.

Fe ddaeth Dai i arwain Cymanfa Ganu yn Rhosybol ddechrau'r wythdegau. Dw i'n cofio fo'n canu'r emyn 'O Iesu mawr, rho d'anian bur' ar yr alaw 'On the Banks of the Ohio'. Ar hyd y blynyddoedd byddem yn gweld ein gilydd mewn sioe a chyngerdd. Daeth i feirniadu'r gwartheg ym Mhrimin Môn (Sioe Amaethyddol sir Fôn) er enghraifft, ac roedd yna hen sgwrsio! Yn 2005 fe ddaru'r ddau gôr Llannerchymedd, Lleisiau Llannerch, y merched a Meibion y Foel wahodd Dai fel eu gŵr gwadd i'w cinio Nadolig yng Ngwesty'r Lastra yn Amlwch. Gallwch fentro bod 'na lawer o hwyl a chwerthin y noson honno a Dai yn ei elfen. Eto, dros y blynyddoedd, byddai Dai yn fy ffonio yn holi am record neu artistiaid. Mi ffoniodd un diwrnod yn gofyn pwy oedd y soprano ar record 'Côr y Traeth' yn canu 'La Vergine' allan o *La Forza del Destino* gan Verdi. Rita Cullis, gyda llaw, oedd y soprano ar y record honno.

Cefais groeso mawr sawl tro ar yr aelwyd ym Merthlwyd a cheisiais alw yno pan oedd Dai yn ei wendid yn ystod ei flynyddoedd olaf. Gelwais yno ar y ffordd adre o gynhebrwng Selwyn Jones, Pontrhydfendigaid a chael croeso gan Dai ac Olwen, a fu'n gymaint o gefn iddo. Roedd hi'n fraint cael bod yn yr arwyl wrth i'w ffrindiau dalu teyrnged haeddiannol i un o fawrion ein cenedl a dyn y werin, y bonedd a'r gwrêng. Roedd Dai yr un fath gyda phawb. Bu'n fraint i'w adnabod.

'Gee, ceffyl bach' yn cario fi, Dai.

Chwarae'r ffidil yn Ysgol Llangwrddon.

Dai gyda'i frawd a'i chwaer, Trefor a Glenys.

Pedair cenhedlaeth: Mam-gu Llundain, Dai, John a Celine.

Priodas Celine a Rhodri yn eglwys Llanddewi Brefi gyda Jim y ci.

Olwen yn magu ei gor-wyres fach, Beti Gladys gydag Ella, ei chwaer fawr, yn gwenu.

Jenny Ogwen a Dai, sêr *Siôn a Siân*.

Janice Ball, y gyfeilyddes, Rosalind Lloyd, y tywysydd, a Dai ar un o gyfresi *Siôn a Siân*.

Cyrhaeddodd Dai y brig mewn sawl Eisteddfod am ei lais canu arbennig.

Y Dai ifanc yn dechrau ar ei yrfa fel cyflwynydd.

Ar ben Bwlch y Moch yn abseilio gydag Eric Jones.

Ar y Piste gyda Wil yr Hafod.

Casglu grawnwin gyda Now o Hogia Llandegai.

Dai gyda'i ffrind, Trebor Gwanas, yn ffilmio *Cefn Gwlad*.

William 'Cae'r Berllan' yn hyfforddi Dai i drin ceffyl, gyda help y gwas.

'Rwy'n ofan dŵr' – diolch byth am y cwrwgl.

Dathlu Nos Galan yng nghwmni Hywel Gwynfryn.

'Cyfeillion o gyffelyb fryd', Don Garreg Ddu a Dai yn gwylio *Reslo*.

Yr annwyl ddiweddar Richard Ty'n y Bryn ger Llanegryn.

Trafod gwaith y dydd gyda'r mab, John.

Roedd Dai yn ffermwr mawr ei barch.

Yn wên o glust i glust gydag Aled Wyn Davies.
Llun: Slam Media

Morio canu gyda Syr Bryn Terfel.
Llun: Slam Media

Y ffon yn help i ganolbwyntio.

Rhai o uchafbwyntiau'r rhaglen *Rasus*...

Y rhaglen gyntaf – cyfweld perchennog y ceffyl buddugol.
Llun: Slam Media

Dathlu gyda'r joci Megan Taff.
Llun: Slam Media

Dod â'r gorau o'r byd rasio i'r gwylwyr yn y Little Brown Jug.
Llun: Slam Media

Dai a Len Bach, un o sêr y rhaglen *Rasus*.
Llun: Slam Media

Rhannu jôc arall gyda Trefor 'Home Café', Aberystwyth.
Llun: Slam Media

Nia Roberts a Dai Jones, cyflwynwyr profiadol y Sioe Fawr.
Llun: Slam Media

Y cwmni anrhydeddus ym mlwyddyn Llywyddiaeth Dai yn y Sioe Fawr, 2010.

Dai wrth ei fodd yng nghanol y bobol yn y sioe.
Llun: Cymdeithas Amaethyddol Frenhinol Cymru

Atgof arall o'r Sioe yng nghwmni ffrindiau.
Llun: Cymdeithas Amaethyddol Frenhinol Cymru

'Un dydd ar y tro' – dydd i roi'r byd yn ei le gyda Trebor Edwards.

Moment Fawr! Dal tlws Cymrawd BAFTA Cymru.

Derbyn gwobr yr FUW am ei gyfraniad i fyd amaeth.

Urddasol iawn yn gwisgo'r cap fflat.

Y dystysgrif.

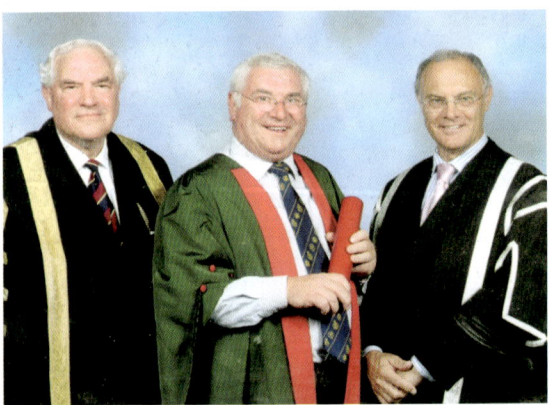

PRIFYSGOL CYMRU

Cyflwynwyd

Dai Jones (Llanilar)

i radd

Athro yn y celfyddydau

honoris causa

mewn Cynulliad o'r Brifysgol a gyfarfu ym mis Mai yn y Flwyddyn Dwy Fil a Thri ar Ddeg

Is-Ganghellor

Dai yn cael ei dderbyn yn Gymrawd Prifysgol Aberystwyth yng nghwmni'r Arglwydd Elystan Morgan a'r Prifathro, Derec Llwyd Morgan.

Ni anghofiodd Dai ei wreiddiau.

Hel atgofion am yrfa hir a llwyddiannus.
Llun: Slam Media

Olwen a Dai yn Llundain yn derbyn anrhydedd yr MBE.

Cytunodd ond wythnos cyn ei farw i Gymdeithas Yr Hoelion Wyth osod plac i'w anrhydeddu ar fur ei gartre yn Berthlwyd, Llanilar.

Cyfeilio i'r cawr â'r llais arbennig

EIRWEN HUGHES

WEDI I MI dderbyn gwahoddiad gan Gôr Merched Ceulan i ymuno â hwy fel arweinyddes a chyfeilydd ym mis Hydref 1988, deallais yn fuan fod eisiau perfformio tipyn o'r *repertoire* yn gyhoeddus ar y criw bywiog a ddaeth ynghyd. Pan led-awgrymais y buasai'n syniad inni gynnal Noson Lawen yn yr Hen Efail, bwyty arbennig ym mhentref Ffwrnais, ger Talybont, roedd y brwdfrydedd a'r gefnogaeth yn arbennig! Dim ond UN arweinydd ddaeth i'r meddwl ar gyfer y noson, ac er ei fod yn ddyn prysur ofnadwy yn y byd adloniant adeg Gŵyl Ddewi, cytunodd Dai Jones i ddod i arwain. Un o'r rhinweddau yr oeddwn yn eu hedmygu yn Dai oedd ei barodrwydd i gefnogi unrhyw achlysur.

Y tro cyntaf i mi glywed Dai yn canu oedd yn Eisteddfod Blaenpennal ar noson Nadolig. Fe'm trawyd yn syth gan ei lais arbennig: llais naturiol rhwydd roedd yn bleser i wrando arno. Wrth i mi gychwyn cystadlu a chyfeilio fy hun, fe fyddai ein llwybrau yn croesi'n reit aml ac ar ôl iddo ennill y Rhuban Glas cefais y pleser o gyfeilio iddo lawer gwaith. Fe fyddai cynulleidfaoedd wrth eu bodd yn

65

gwrando arno ym mhob man ac roedd ei bersonoliaeth hwyliog yn denu pawb o bob oed.

Pleser felly oedd cael Dai i arwain y noson gyntaf honno yn yr Hen Efail. Cafwyd swper hyfryd iawn i gychwyn a phan gymerodd Dai y llyw, roedd yr awyrgylch yn drydanol a phawb yn chwerthin yn ddi-stop wrth glywed y storïau a'r jôcs. Yn wir, fe ddwedodd sawl un eu bod yn teimlo bod y noson yn well na photel o foddion i godi ysbryd pawb! Dyna oedd y noson gyntaf o nosweithiau llawn hwyl a ddaeth â chynulleidfa gynnes ynghyd. Y flwyddyn ganlynol, fe gynyddodd y brwdfrydedd a gyda thocynnau yn mynd yn brin, rhaid oedd chwilio lleoliad mwy o faint ar gyfer eistedd yr holl fynychwyr brwd.

Diolch i'r drefn fe gynigiodd gwesty'r Marine, ar y promenâd yn Aberystwyth, ein croesawu gydag ystafell a oedd yn medru eistedd tua dau gant o bobol. Roedd tipyn o waith casglu cynulleidfa i lenwi'r gofod crand yma ond fe werthwyd cant ac ugain o docynnau ar unwaith gyda nifer ohonyn nhw yn archebu eu lle yn barod at y flwyddyn ganlynol! Roedd Dai yn ei elfen, yn diddanu mor arbennig gyda'i storïau unigryw. Byddai'n tynnu coes ambell aelod o'r côr ac yn canu deuawdau gyda'r unawdwyr gwadd pan gâi'r cyfle. Roedd Dai yn gyfarwydd iawn â phawb oedd ar y sîn ar y pryd a phan oedd Tom Evans Gwanas yn gofyn iddo cyn dechrau canu, 'sut wyt ti'r *giant*?' roedd Dai yn chwerthin wrth ateb, 'dim ond o'r ysgwyddau fyny ry'n ni'n mesur dynion ffordd hyn!'

Fe fyddai'n tynnu coes Iwan Parry, y milfeddyg cerddorol o Ddolgellau hefyd ac yn cael tipyn o hwyl gyda'r triawd Plethyn.

Buon yn y Marine am ryw ddeuddeg mlynedd a'r cyngherddau'n llawn dop. Heb os nac oni bai, roedd Dai Jones yn medru denu cynulleidfa a phobl wrth eu bodd

Cyfeilio i'r cawr â'r llais arbennig

yn cael hwyl ac yn chwerthin. Ar ôl yr holl flynyddoedd yn y Marine, fe ddaeth hi'n amlwg y gallem wneud tro â gofod hyd yn oed yn fwy! Yn anffodus, fe ddaeth Clwy'r Traed a'r Genau ar ein traws. Oherwydd hynny, fe ddaeth y nosweithiau i ben ond rhaid nodi eu bod wedi gorffen yn eu hanterth!

Cawsom lawer o hwyl yn ein cyngherddau dros y blynyddoedd yng nghwmni Dai Jones ac Olwen.

Un cyngerdd sy'n dod i'r cof yw hwnnw yng nghapel Carmel, Llanilar, pan oedd ef a'i ffrind Richard Rees yn canu'r ddeuawd enwog 'Gendarmes'. Wrth ganu, fe benderfynodd y baswr enwog neidio i fyny i freichiau Dai yn annisgwyl ond llwyddodd Dai i'w ddal ryw ffordd, er braidd yn sigledig! Cymerodd hi dipyn o amser i'r gynulleidfa dawelu ar ôl y direidi yma a phawb yn rolio chwerthin. Cawsom y pleser o fynd lawr i Gaerdydd hefyd i ddathlu ei gysylltiad gwerthfawr â HTV dros bum mlynedd ar hugain. Agoriad llygad oedd gweld cymaint yr oedd HTV yn dibynnu arno a'i waith cyflwyno ac yn amlwg yn gwerthfawrogi ei waith yn fawr iawn – noson fythgofiadwy. Roedd wedi diddanu cynulleidfaoedd dros y wlad am gyfnod hir – ac wedi mwynhau'r gwmnïaeth a'r digrifwch oedd yn dod law yn llaw â hyn – ond roedd hefyd yn sensitif iawn i sefyllfaoedd trist a difrifol.

Daw gwên i'r wyneb ac i'r cof wrth feddwl am Dai Jones a fu mor gymwynasgar i gymaint o gyngherddau a chymdeithasau. Roedd yn gefnogol i ddigwyddiadau lleol ac yn gwmni i niter fawr gyda'i raglenni ar y teledu a'r radio.

Ti, Dai, oedd 'na...

Lyn Ebenezer

Mae'r gair 'unigryw' yn un a gaiff ei or-ddefnyddio ac, yn wir, ei gamddefnyddio yn llawer rhy aml. Ond yn achos Dai Jones Llanilar, mae'n ddisgrifiad cwbwl addas. Fu yna neb erioed fel Dai. Does yna neb fel Dai. Fydd yna neb fel Dai. Gyda'i farwolaeth, torrwyd y mowld yn yfflon racs.

Roedd fy adnabyddiaeth o Dai yn mynd yn ôl gryn 65 mlynedd. A'n cyfeillgarwch bron iawn yr un mor faith. Mewn eisteddfodau ledled y sir y gwelwn ef amlaf. A'i glywed yn canu, wrth gwrs. Ond ei waith cyfryngol wnaeth i ni glosio.

Yr hyn a ddaeth â ni'n ffrindiau mynwesol oedd penderfyniad Gwasg Gwynedd i gomisiynu hunangofiant Dai ganol y 1990au ar gyfer Cyfres y Cewri. Doedd Dai ddim yn hyderus y medrai ymgymryd â'r gwaith ysgrifennu ei hun. Dim rhyfedd; rhwng ffermio a ffilmio, prin fyddai ganddo awr sbâr. Fi felly gafodd y gwaith pleserus o fod yn rhith awdur.

Gan y byddai'n anodd cwrdd yn rheolaidd, dyma benderfynu cael Dai i recordio penodau ar dâp. Finne wedyn yn teipio wrth wrando nôl ar ei gleber. Bu'n rhaid gadael aml i ymadrodd amheus allan gan y byddai Dai'n recordio ble bynnag y digwyddai fod, hynny'n aml tra'n gyrru i leoliadau ffilmio neu ar ei dractor. Yn gymysg â'r

Ti, Dai, oedd 'na...

atgofion cawn ebychiadau fel 'Get off the bloody road!', neu, 'Olwen! Be sy i gino heddi?'.

Yn aml iawn ar y tâp fyddai dim byd i gysylltu stori wrth stori. Doedd dilyniant ddim yn bodoli i Dai. Ond yn reddfol bron, medrwn lunio brawddegau cyswllt o 'mhen a 'mhastwn fy hun. Fe wyddwn rywsut beth wnâi Dai ei ddweud a sut y gwnâi ei fynegi. Hynny yw, medrwn glywed llais Dai ei hun yn cylchdroi yn fy mhen. Yn wir, rwy'n dal i wneud weithiau.

Gyda Dai roedd yr annisgwyl yn rhywbeth i'w ddisgwyl. Meddyliwch am agor hunangofiant fel hyn: 'Fe'm ganed i yn Ysbyty Brenhinol Hornsey, Llunden ar y deunawfed o Hydref 1943. Mae'n debyg i fi gyrraedd toc ar ôl cinio. Roedd Mam yn leicio'i bwyd.'

Lansiwyd y gyfrol, *Fi Dai Sy' 'Ma*, sef teitl ei gyfres radio wythnosol, yng Ngwesty'r Marine yn Aberystwyth fis Tachwedd 1997. Gwerthodd fel slecs ac erbyn hyn mae'r gwerthiant fesul miloedd lawer. Hon oedd y gyntaf o gryn hanner dwsin o gyfrolau i mi eu hysgrifennu ar ran Dai fel rhith awdur. Neu fel 'ysgrifennwr ysbrydol', chwedl Meic Stevens.

Ac oedd, roedd Dai yn gwbwl unigryw. Welwyd neb erioed mor ansefydlog ar ei draed, yn arbennig pan ar eira, fel y gwelwyd yn *Dai ar y Piste*. Ac ar ddŵr neu mewn dŵr, dyna i chi berfformans! Yn wir, byddai Dai'n ddigon sigledig ar ddaear solet. Ond Dai oedd yr unig gyflwynydd erioed i lwyddo i droi lletchwithdod yn gelfyddyd.

Mae'r esiamplau yn ddirifedi. Yma fe wna i gyfeirio at un olygfa yn unig. Dai a chyfaill yn pwyso ar wal gerrig sych rywle yn Iwerddon ac yn clodfori ei hadeiladwaith. Dyma Dai, wrth ganmol, yn taro wyneb y wal â'i law. A'r wal yn disgyn fel Wal Jericho gynt yn seiniau utgyrn Joshua a'i fyddin. A Dai'n cynnal y gymhariaeth Feiblaidd gyda'i ebychiad: 'Iesu a wylodd!' Ac fe wnâi'r Gwaredwr ei hun wylo – o chwerthin!

Roedd cyflwyno ar lwyfan, sgrin neu radio i Dai yn orchwyl ail natur. Ei gyfrinach fawr oedd ei adnabyddiaeth a'i hoffter o bobol. Fedr neb ddysgu gwneud yr hyn a gyflawnai Dai mor naturiol ag anadlu. Ac fe wnâi cyfarwyddwr *Cefn Gwlad*, Geraint Lewis, ganiatáu rhyddid iddo. Ond ni wnâi'r rhyddid hynny fyth droi'n benrhyddid.

Mae storïau Dai yn dal i gorddi yn fy mhen. Dyna i chi honno amdano ef a'i briod Olwen ar ymweliad â 'The Ring of Beara' yn ne-orllewin Iwerddon. Dyma daro ar hen ŵr yn pladura ar ochr y ffordd. Rhaid, wrth gwrs, fu stopio i sgwrsio ag ef. Dyma'r henwr yn gwahodd y ddau i'r tŷ am sgwrs ac yn gofyn i Olwen wneud paned o goffi i'r tri ohonynt. Gyda'r tegil yn berwi ar y tân, canfu Olwen fod y botel laeth yn yr oergell yn wag.

'No problem,' meddai'r hen foi, 'there will be a full bottle left at the front door.'

Olwen wedyn yn gofyn a ddylai hi adael y botel wag ar garreg y drws? Ond yr hen ŵr yn ateb: 'Jayzus, madam, don't do that. Somebody might call by and ask for a black coffee.'

Nodwedd arbennig arall o Dai oedd ei ddull o newid ei dafodiaith ar gyfer ble bynnag y digwyddai fod. Gallai fod yn Hwntw neu Gog, Cocni neu Sgotyn ar yr un rhaglen. Fe ddywedodd rhywun rywbryd ar *Dalwrn y Beirdd* rywbeth fel hyn:

'Mae sawl tafodiaith i'w chael yn y byd
Ac mae Dai Jones Llanilar yn eu siarad nhw i gyd.'

Ond collwyd Dai ac mae'r byd yn llawer gwacach

hebddo. Gobeithio ei fod bellach mewn rhyw gefn gwlad nefolaidd. A boed y nefoedd honno yn nefoedd ddi-gathod. Gwell fyddai ganddo wynebu llew na wynebu cath.

Mae fy nghopi o *Fi Dai Sy' 'Ma* wrth fy mhenelin wrth i mi ysgrifennu'r deyrnged hon. Ar y wynebddalen mewn ysgrifen traed brain mae'r geiriau, 'Cofion Cynnes, Dai Jones Llanilar'.

Diolch, Dai. Mae meddwl amdanat yn dwyn yn ôl atgofion lu. A gwn wrth i mi gofio mewn cymysgedd o chwerthin a chrio y byddi ar fy meddwl am byth. Ie, ti, Dai, fydd 'na.

Wncwl Dai

Hugh Tudor

DAI... DAI JONES... Dai Llanilar... Dai *Siôn a Siân*... Dai *Rasus*... Dai *Ar Eich Cais*... Dai *Cefn Gwlad*... Ond i bobl Llanilar a'r cyffiniau, Dai Berthlwyd oedd e. Hefyd i ni fel teulu – Wncwl Dai, er nad oedd yn perthyn.

Bu Dai ac Olwen yn arweinyddion yng Nghlwb Ffermwyr Ifanc Llanilar nôl yn niwedd y saithdegau a dechrau'r wythdegau. Ar y pryd roeddwn yn meddwl bod yr holl arweinyddion yn hen ond wrth edrych yn ôl tua deg ar hugain oed oedd y mwyafrif.

Roedd Dai yn helpu efo pob cystadleuaeth a holl weithgareddau'r clwb ond roedd yn arbenigo ar y gystadleuaeth Siarad Cyhoeddus. Bu aelodau'r Clwb yn llwyddiannus iawn ar lefel sirol a chenedlaethol lawer gwaith. Cofiaf fynd i gartref Dai ac Olwen yn Erw Deg i ymarfer ar gyfer y gystadleuaeth. Ar ôl siarad am bron bopeth dan haul am ryw awr i awr a hanner, dyma Dai yn dweud, 'Well i ni ddechre, 'te'. Erbyn hynny roedd pawb wedi setlo a'r nerfau wedi mynd, dyna'r ffordd roedd yn cael y gorau allan o bawb. Gall sawl un ohonom ddweud mai Dai roddodd inni'r HYDER i sefyll o flaen cynulleidfa a siarad yn gyhoeddus.

Helpodd Dai Glwb Ffermwyr Ifanc Llanilar i ennill Rali Sir Ceredigion bum gwaith ac roedd yn falch iawn o'u llwyddiant. Byddai tu ôl i'r llenni bob amser ac yn cefnogi.

Un tro cafodd rhywun y syniad y dylem gystadlu ar y Côr yn yr Eisteddfod ac, wrth gwrs, cytunodd Dai i arwain. Lawr â ni i Neuadd Llandysul a chanu 'Moliannwn'. Ond, druan o Dai! Roedd rhai aelodau wedi cael peint neu ddau, rhai heb fod mewn un ymarfer a ddim yn gwybod y geiriau, a neb lawer yn canu mewn tiwn. Rwy'n siŵr mai dyma'r côr gwaethaf erioed i fod ar lwyfan Eisteddfod. OND fel byddai Dai yn dweud – cystadlu sy'n bwysig. Mae llawer mwy o storïau i gael ond mae un peth yn sicr – roedd hwyl i gael **bob** amser yng nghwmni Dai.

Fe ddwedodd lawer gwaith mai'r ieuenctid sy'n bwysig i ddyfodol cefn gwlad ac mi roddodd Dai gefnogaeth a chymorth i'r holl ieuenctid drwy'r Ffermwyr Ifanc. Bu'n Llywydd Anrhydeddus Clybiau Ffermwyr Ifanc Cymru am dair blynedd.

Dyma bennill gan Eirwyn Richards, Cwm Celynen:

'Bellach, gorffwys mae y dewin,
Byd cyfryngau, fe yn Frenin,
Er poblogrwydd, dwfn ei wreiddiau.
Calon cefn gwlad. Diolch, Dai.'

Roedd yn bleser cael croesawu criw *Cefn Gwlad* i ffilmio'r wyna yn Nhynberllan. Rwy'n cofio fi'n dweud wrth Dai:
'Petai fy nhaid yn gwybod bo' fi'n rhoi defaid mewn yn y gaeaf a'u cneifio, mi fyddai'n troi yn ei fedd.'
Ateb sydyn Dai oedd:
'Petai dy daid yn gwybod faint wyt ti'n cael am yr ŵyn, mi fyddai'n codi i dy helpu.'
Rwy'n cofio ffrindiau o Benllyn yn dod lawr am ginio dydd Sul ac arwr y ddau fachgen oedd Dai Jones.
Roeddent yn methu credu ein bod ni'n ei adnabod ac

yn byw ar ei bwys. Felly, ffoniais Dai i weld os oedd e adre a dyma ni yn mynd lan i'w weld. Roedd llygaid y bechgyn bach yn disgleirio wrth iddynt ei weld a chael tynnu eu llun gyda Dai Jones.

Roedd Dai yn arwr i'r hen a'r ifanc.

Ar nodyn personol iawn, mae Wncwl Dai ac Anti Olwen, fel mae'r merched 'co yn eu galw, wedi bod yn rhan o'n teulu ni yn Nhynberllan erioed – drwy hapusrwydd a thristwch.

Roeddent yng nghapel Carmel bron i 39 mlynedd yn ôl ym mhriodas Ann a minnau. Yna, wyth mlynedd yn ôl, mi dalodd Dai deyrnged hyfryd i Gwenno annwyl ar ddiwrnod ei hangladd a diwrnod ei phen blwydd yn 19 oed. Safodd yno heb ddarn o bapur. Mawr ein parch a'n diolch iddo am wneud.

Rwy'n gwybod bod yna un ferch fach yno nawr yn gofalu am ei Wncwl Dai.

Diolch, Dai, am **bob peth**, ffrind i bawb.

Gwir Dywysog Cymru a chefn gwlad.

(Teyrnged Hugh Tudor i Dai Jones ar ddiwrnod ei angladd.)

Y dyn tu hwnt i'r enw

Nest Jenkins

'O le ti'n dod?'
'Lledrod ... rhwng Tregaron ac Aberystwyth.'
'Pa mor bell ma hwnna o Dai Jones Llanilar?'

PRIN IAWN YW'R bobl sydd fel arwyddbost neu lysgennad i'r ardal o ble maen nhw'n dod. Roedd Dai yn hynny, ac yn gymaint mwy.

Pan o'n i'n blentyn, roedd Dai Jones yn seléb. Fe oedd yr hud a'r swyn ar y sgrin yn wythnosol. Fe oedd y digrifwr ym mhob noson lawen. Ac hyd yn oed os nad oedd e yno, roedd ei bresenoldeb i'w deimlo ym mhob man; yn gymeriad mewn carnifal neu sgetsh neu ar Ddiwrnod y Llyfr. Ond nid darn o aur na ellid ei gyffwrdd mo Dai. Roedd e'n un o'r gymuned; yn arwain cyngherddau, yn selog i bob digwyddiad, yn barod ei gefnogaeth i bob dim yn ein bro. Dyma'i ddawn ryfeddol i blesio pob pwysigyn, ond nid ar draul ei filltir sgwâr. Dyma'r *Dai Jones effect*.

Sylwais ar y *Dai Jones effect* am y tro cyntaf yn 2010, wrth iddo ymgymryd â swydd y ganed ef i'w gwneud – Llywydd y Sioe Frenhinol. Roedd poblogrwydd a chysylltiadau Dai'n creu bwrlwm y tu hwnt i ffiniau tir y Cardis, yn bell ac yn agos. Un ar ddeg oeddwn i ar y pryd, yn fy mlwyddyn olaf yn yr ysgol gynradd ac yn aelod o ysgol Sul Rhydlwyd. Dyma wahoddiad gan Mr Llywydd ei hun (gyda geirda gan ein hathrawes weithgar Beti Griffiths, rwy'n siŵr) i'r ysgol Sul fod yn rhan o'r Gymanfa ar nos Sul gynta'r Sioe. Yn griw bach a brwd, roeddem wedi gwirioni. Ond, roedd un cynnig bach arall. Cynnig annisgwyl. Fe fyddai Dai yn canu i'r gynulleidfa y noson honno; rhywbeth fyddai ond yn digwydd ar adegau gwirioneddol arbennig erbyn hynny. Ac fe ofynnwyd i mi, merch yr oedd ei thraed prin yn cyrraedd pedalau'r piano, i gyfeilio iddo. Gallaf gofio'r gân yn glir hyd heddiw – *'You'll Never Walk Alone'*. Er y diniweidrwydd plentyn, roeddwn yn deall maint y dasg; enillydd y Rhuban Glas a chynulleidfa o gewri Ceredigion a'r Sioe yno'n dyst i'r risg.

Rhaid oedd ymarfer, a bant â ni i Lanelwedd wythnos cyn y Sioe. Roedd cael Dai Jones i ni ein hunain ar drothwy ei wythnos fawr yn anghredadwy, er, doedd dim brys yn y byd ar Dai. Un ymarfer di-ffws, a nôl i'r dweud storis a'r drygioni. Cyn mynd, trois at Dai a gofyn am un ymarfer arall – rhag ofn. Gallaf ei weld nawr yn gwenu ac yn wfftio'r syniad: 'Os ei di i stop, fe wna i stopio 'da ti! *You'll never walk alone.*' Ac felly y bu, a'r nerfau wedi'u lleddfu'n syth. Pwysicach o lawer oedd cael *chips* yn Rhaeadr ar y ffordd adre, a Dai, gyda'i barodrwydd amheuthun, yn talu'r bil! Dyma oedd dyn oedd mor barod i roi cyfle, i annog ac i ysgogi.

Bu'r noson honno, fel y disgwyl, yn llwyddiant ysgubol ac roedd wythnos Dai, â'i fyddin o Gardis, wedi dechrau. Ry'n ni i gyd yn cofio'r golygfeydd ohono'n ceisio ymlwybro drwy'r dorf a phawb eisiau darn bach ohono. A Dai yn fodlon rhoi mwy na darn bob tro; ei ffon yn cyfarch ac yn cofio pob wyneb a ddeuai ato.

Byddaf yn fythol ddyledus iddo am barhau â'r cyfleoedd hynny yn ystod fy arddegau. Fe fyddai'n fy ngwahodd i chwarae'r delyn mewn aml i gyngerdd neu ginio. Fi oedd yn elwa o'r cyfleoedd hyn; o'i wylio'n hawlio llwyfannau Cymru â'i ddigrifwch, o garedigrwydd a chwmnïaeth Olwen ac yntau tu ôl i'r llen. Er hyn, byddai'r ddau mor ostyngedig ac mor barod eu cefnogaeth. Gallaf gofio dathliad yng nghapel Rhydlwyd ar ôl llwyddiant Efan Williams a minnau yn yr Eisteddfod Genedlaethol sawl blwyddyn yn ôl. Pwy oedd yn celu yng nghefn y capel ond Dai ac Olwen? Doedd profi camp Eisteddfodol ddim yn ddieithr i Dai, ac eto, roedd y ddau mor barod eu hanogaeth bob amser.

Diwrnod fy mhen blwydd yn ddeunaw oed oedd hi, a minnau'n paratoi i fynd i'r ysgol. Dyma glywed sŵn car, cyn gweld yr eiconig DII JNS yn crafu'r iard. Roedd Dai eisiau fy nal yn y bore bach a dweud diolch am ddarllen pwt yn lansiad ei ail hunangofiant *Tra bo Dai*. Noson lle'r oedd y gynulleidfa yn y Marine yn Aberystwyth yn gorlifo i'r prom. Noson lle'r oedd y gwerthfawrogiad i Dai i'w deimlo'n danbaid yng nghanol oerni'r gaeaf. Ond dyma fe, unwaith yn rhagor, â'i draed yn solet ar y ddaear. Rhoddodd freichled imi; breichled y gwnaf ei thrysori am byth.

Efallai mai fy ngweld yn fy ngwisg ysgol wnaeth ysgogi Dai i ofyn beth oedd fy mwriad wedi gadael yr ysgol. Gwyddai na fyddai llawer o iws i fi ddilyn ôl traed fy nhad, fy mam a 'mrodyr a ffermio gartre. Pan awgrymais efallai fy mod yn ystyried y cyfryngau a'r byd teledu, cilwenodd a dweud, 'Ti'n gwybod lle fi'n byw os t'ishe unrhyw help.' Ac i mi, roedd hynny'n crisialu Dai; dyn oedd wedi teithio'r byd, ond dyn ei gartre. Dyn oedd wedi cyrraedd yr uchelfannau o ran ei yrfa, ond oedd yn fodlon estyn llaw i rywun ar ris isa'r ysgol. Nawr, a minnau'n gweithio yn y cyfryngau, mae meddwl am ei barodrwydd i helpu yn chwerw felys. Rwy'n siŵr y byddwn wedi ei holi'n dwll am sawl cynhyrchiad a chysylltiad. Ond, mae ei ddylanwad a'r atgofion amdano'n dal i lenwi sgyrsiau di-ri, a phawb yn gwybod na fydd fyth neb tebyg iddo.

'Y pentre drws nesa,' byddai fy ymateb hunanfodlon a balch i'r cwestiwn 'o le ti'n dod?'. Oedd, roedd cael cysylltiad daearyddol â Dai Jones Llanilar yn destun ymffrost mawr, ond roedd adnabod y dyn y tu hwnt i'r enw yn anrhydedd. Diolch, Dai.

Dai Llundain, Llangwrddon, Llanilar

John Meredith

Rwy'n cofio clywed a gweld y cymeriad lliwgar yma gyntaf nôl ym mhumdegau'r ganrif ddiwethaf pan oeddwn yn grwt ifanc yn y Bont.

Dai Jones, Llangwrddon oedd e y pryd hynny ac yn un o aelodau clwb ffermwyr ifanc y pentre pan oeddwn i yn aelod o glwb Ystrad Fflur. Cofiaf glywed llais peraidd y tenor o Langwrddon gyda'i bersonoliaeth liwgar a'i hiwmor iach.

Dair degawd yn ddiweddarach deuthum i'w adnabod yn well a chael y pleser o'i gwmni yn aml. Yn nawdegau y ganrif ddiwethaf dewiswyd Dai i gyflwyno rhaglen *Ar Eich Cais* i Radio Cymru. Yn ystod y cyfnod hynny roedd stiwdio'r BBC yn Hen Orsaf Bad Achub Aberystwyth, cyn symud i'w safle bresennol ar gampws y Brifysgol.

Byddai Dai yn dod i'r stiwdio ddiwedd yr wythnos i recordio ei raglen nos Sul. Byddwn i â 'mhen mewn cyfrifiadur yn paratoi eitem ar gyfer Newyddion radio neu deledu. Ond unwaith cyrhaeddai Dai byddai'r swyddfa yn llawn bwrlwm a'i bresenoldeb yn llenwi pob twll a chornel o'r adeilad. Byddai'r stori newyddion yn cael bod, i gael dal pen rheswm gyda Dai cyn iddo ddechrau recordio'r ceisiadau. Byddai'r sgwrs yn troi at newyddion y dydd, digwyddiadau yn yr ardal, gwleidyddiaeth ac ambell i sgandal wrth gwrs.

Anaml, os o gwbwl, y byddai Dai yn darllen y ceisiadau ymlaen llaw ond rhyfeddol i mi oedd ei ddawn a'i allu i roi stamp bersonol ar bob un cais a ddaeth i law. Yn fwy nag aml roedd yn adnabod y person dan sylw neu gysylltiadau oedd gan yr unigolyn. Byddai'n cofio am ddigwyddiad oedd yn berthnasol i'r cais neu yn adnabod achau y teulu. Roedd y cyfeiriad personol wastad yn taro tant gyda'r gwrandawyr.

D Day. Dathlu 'Dolig 'da Dai

Yn ystod y cyfnod yma, dechreuodd Dai a finne ddathlu y Nadolig drwy fynd allan am bryd o fwyd. Dim ond ni ein dau oedd yn dathlu ar y dechrau cyn i'r fintai dyfu yn sylweddol yn ystod y ddegawd oedd yn dilyn. Y patrwm blynyddol oedd cwrdd yn y Black Lion fach neu y Llew Du, Aberystwyth. Yna draw i Gannets am ginio gyda Dilys a Dave gyda Gwen yn gweini. Ar ôl y wledd ymlwybro drwy'r dre cyn cyrraedd pen y daith yn y Cambrian. Olwen a Tegwen fyddai'r tacsis ar gyfer y daith adre toc gyda chwech o'r gloch.

Yn ystod dwy ddegawd y ganrif yma roedd y parti i ddau wedi tyfu'n sylweddol i ryw ddwsin ohonom. Erbyn hyn roedd Arglwydd Elystan Morgan, Charles Arch, John Watkin, Lyn Ebenezer, Tegwyn Rhosgoch, Dei Alltgoch, Wyn Mel ac amryw arall yn rhan o D Day.

Cofiaf un Nadolig arbennig pan ofynnais iddo am ffafr. Roeddwn yn gwybod yr ateb cyn holi'r cwestiwn gan ei fod wastad yn ateb yn gadarnhaol i gais am ffafr. Nadolig cynta'r mileniwm oedd hi ac yr adeg hynny roedd fy nhad yng nghyfraith, David Dan Williams, Tynewydd yng nghartref gofal Bryntirion yn Nhregaron. Gofynnais i Dai a fyddai'n fodlon ymweld â'r cartref cyn mynd am ein cinio blynyddol. Yr ateb: 'Wrth gwrs y bydda i'. Roedd yn adnabod y rhan fwyaf o'r preswylwyr ac roedd y croeso yn gynnes iawn. Ni fyddai Siôn Corn ei hun wedi cael gwell croeso. Ar ôl yr orig fythgofiadwy cofiais y byddai'n rhaid galw yn Tynewydd er mwyn sicrhau fod popeth yn iawn gan fod y tŷ yn wag ar y pryd.

Mewn â ni i'r tŷ ond anghofiais am y cwrci! Gwelodd Tomos ei gyfle i ddod mewn trwy'r drws agored a chroesawu yr ymwelwyr annisgwyl! Credais fod Dai yn mynd i redeg yn syth drwy wydr drws y patio, gymaint oedd ei ofn o gathod. Roedd ei ffobia am gathod a dŵr yn wirioneddol chwedlonol.

Cofiaf hefyd ei barodrwydd i arwain noson lansio llyfr *Hanes y Mynydd Bach* yng nghapel Peniel, Blaenpennal. Roedd wrth ei fodd yn hel atgofion am gystadlu yn yr eisteddfod flynyddol a gynhaliwyd nos Nadolig yn y capel ac yn atgoffa'r gynulleidfa am yr acwstics arbennig o fewn y muriau. Roedd yn un o'r tenoriaid oedd yn cystadlu'n flynyddol yno.

Cafwyd un noson fythgofiadwy wrth arwain noson i gôr Merched Ceulan, Talybont yn yr Hen Efail, Eglwys Fach. Hanner ffordd drwy'r noson dyma Dai yn gwahodd y merched yn ôl i'r llwyfan ond cyn cyhoeddi'r eitem nesaf dyma fe'n stopio a dweud, 'Mae'r gân yma yn f'atgoffa i o stori fach'. A dyma fel a'th y stori:

'Glywoch chi hanes John Jones o Benuwch yn gwerthu ei farch? Rhoddodd John hysbyseb yn yr *Horse and Hound* i ddenu darpar gwsmeriaid ac fel canlyniad i hyn dyma ddynes o Kent yn cyrraedd clos y ffarm i weld y march dan sylw. Wrth i'r ceffyl brancio a chodi ei goesau blaen yn urddasol o amgylch yr iard dyma'r ddynes yn troi at John a gofyn yn ei Saesneg ysgol fonedd,

"This is a very fine specimen, Mr Jones, but I would like to know how far back his pedigree goes."

A dyma John Jones yn ateb:

"I don't know how far back it goes but when it's all out it nearly touches the floor!'"

Roedd y chwerthin yn fyddarol ac o fewn dim dyma Dai yn cyhoeddi:

'A nawr mae'r merched yn mynd i ganu... "Mae gen i farch glas"...'

Methodd y merched ganu nodyn am rai munudau! Roedd yn dalcen caled i'r arweinyddes, Eirwen Hughes, i gael trefn a disgyblaeth yn ôl ar ei chôr ond roedd Dai wrth ei fodd.

O sôn am y march glas cefais fy atgoffa o ddiwrnod arbennig i ddathlu fy ymddeoliad o adran Newyddion y BBC ym mis Mawrth 2010.

Aeth llond bws mini o griw y BBC oedd yn gweithio yn Aberystwyth ar y pryd lawr i drac rasio ceffylau Ffoslas. Wrth gwrs roedd Dai yn rhan o'r fintai.

Rhwng y rasus rhaid oedd troi mewn i'r bar i dorri syched. Rwy'n siŵr y gallwch ddychmygu yr awyrgylch y diwrnod hwnnw pan sylweddolwyd fod Dai Llanilar yn y bar. Pawb am ei gyfarch ac yntau wrth ei fodd yn eu cwmni.

Yn dilyn y rasus aethpwyd yn ôl i dŷ bwyta La Calabria yn Ffostrasol at Gino Vasami a'i deulu. Yno cafwyd cwmni nifer ychwanegol o gydweithwyr a weithiai yn y gorllewin. Diwrnod a noson i'w cofio gyda Dai ar gefen ei geffyl o fore gwyn tan nos.

I ddod yn ôl at D Day a dathlu'r Nadolig unwaith eto, un dathliad sy'n dod nôl i'r cof oedd gweld Arglwydd Elystan

Morgan a Dai (dau gyfaill mynwesol) wedi cyrraedd y Llew Du o flaen y criw i gyd. Yn anffodus nid oedd y dafarn wedi agor ac anghofia i byth am weld dau o gymeriadau mawr Cymru yn aros i ddrws y llety agor.

Wrth ymlwybro lawr am y Cambrian ar ôl cinio Gannets byddai Dai yn sgwrsio â phawb ac fel canlyniad gallai'r daith fer gymryd hyd at awr gan fod pawb yn ei adnabod ac yntau yn eu adnabod hwythau.

Erbyn ail ddegawd y mileniwm symudodd y ciniawe i'r Marine a chafwyd yr un croeso gan Nerys a'i staff ag a gafwyd gan Dilys yn Gannets. Y tro olaf i ni gynnal D Day oedd Nadolig 2019. Erbyn hyn roedd iechyd Dai ac Elystan wedi dirywio. Roedd y cerddediad sionc lawr y stryd fawr yn bosibl drwy gyfrwng y cof yn unig bellach. Ond cafwyd cinio Nadolig i'w gofio gyda'r criw i gyd yn bresennol.

Erbyn 2020 daeth tro ar fyd wrth i Cofid, afiechyd a henaint roi stop ar y dathlu. Ond yn y cof mae atgofion Dathlu Dolig 'da Dai mor fyw ag erioed i ni gyd a oedd mor lwcus i fwynhau ei gwmni.

Diolch, Dai.

'Un drygionus diawchedig!'

Dai Harris

Y Dai Jones roeddwn i'n ei adnabod oedd y Dai Jones doniol, y storïwr penigamp, y canwr bendigedig, ond y gŵr hefyd oedd ag ochr ddifrifol iddo. Roedd ganddo'r ddawn anhygoel i wneud i chi deimlo'n hollol gysurus yn ei gwmni ac roedd y gallu ganddo i'ch denu i siarad yn hollol naturiol ac agored. A dyna be' welwyd mor aml ar y rhaglenni *Cefn Gwlad*. Roedd Dai yn berson hollol unigryw a dweud y lleia, yn fy marn i.

Fe ddes i i'w adnabod trwy 'nhad ac roedd Dai yn ffrind i'r teulu. Roedd 'nhad wedi ei adnabod ers ei blentyndod, pan ddaeth Dai yn ôl o Lundain i Langwyryfon. Ac fel roedd 'nhad wastad yn dweud, 'O, ma Dai yn un drygionus diawchedig!' Ac roedd hynny'n elfen hanfodol o'i gymeriad.

Roeddwn i'n mynd yn aml gyda 'nhad i Berthlwyd gan fod Dai ac Olwen yn gwerthu llaeth a buches laeth ganddynt o'r enw Ceunant. Ac roedd gyda ninne ein buches yn Esgairsaeson. Rwy'n cofio'r adeg pan wnes i adael yr ysgol, a 'nhad yn dweud wrtha i, 'Ma'n rhaid i ni gael tarw i redeg mas gyda rhai o'r heffrod a'r buwchod 'ma.' Felly roedd rhaid chwilio am darw. A dyna ni lan i Berthlwyd

'Un drygionus diawchedig!'

gan hela'r prynhawn yno. A dwi'n cofio'r diwrnod 'ma fel ddoe. Roedd 'na darw ifanc yn y bull pen a'i enw oedd Ceunant Bimbo a dyma Dai yn dechre adrodd ei achau gan ddweud ei fod yn fab i Terling Bonus ac allan o fuwch o'r enw Montgomery, ac yn y blaen. Rwy'n cofio rhyfeddu at y cof aruthrol yma oedd gyda Dai a dwi'n siŵr fod y cof anhygoel yma wedi cyfrannu tuag at wneud Dai y person oedd e.

A dyna ni, fe brynwyd y tarw a dyma Ceunant Bimbo yn dod nôl i Esgairsaeson i redeg mas gyda'r heffrod. Ac fe wnaeth y diwrnod hwnnw sefydlu fy mherthynas i gyda Dai. Roeddwn yn un ar bymtheg oed erbyn hynny ac yn gwybod bod Dai yn enwog trwy Gymru gyfan. Roedd yn seren ar deledu ac ar lwyfan ond hefyd roedd yn seren yn ein hardal. Roedd galw ym Merthlwyd yn beth mor rhwydd i'w wneud oherwydd y croeso ganddo fe ac Olwen a John y mab. Ac os oeddech yn teimlo 'chydig yn isel, wel, lan i Berthlwyd oedd yr ateb, gan y byddai Dai'n saff o godi eich calon.

Pan fydden ni'n cwrdd roedden yn siarad am y gwartheg godro. Gan fod Dai yn mynd bant mor aml gyda'i waith, Olwen ei wraig oedd wrth y llyw gatre. Ond, tra oedd Dai bant roedd yn gyfle iddo gymysgu gyda phob math o bobl ac roedd Dai wedi gwneud yn siŵr ei fod wedi cymysgu gyda'r bobl ore ym myd y fuches odro. A daeth yn gyfarwydd iawn gydag un o'r bridwyr gore oll, sef gŵr o San Clêr, Mr Dyfrig Williams, oedd â buches y Grove. Roeddwn i wedi clywed shwt gymaint am y gŵr yma ond ni fyddwn byth wedi ei gyfarfod oni bai am Dai. 'Dere lawr 'da fi i weld cwpwl o'i heffrod,' mynte Dai. 'Gewn ni ddiwrnod bach mas.'

Roedd Dai hefyd yn prynu ambell i darw gan Mr Dyfrig Williams. Rwy'n cofio un tro i Dai brynu llo yna i'w gadw'n darw. Grove Dubonnet oedd ei enw a dyna ddod ag e nôl i Berthlwyd. Ac o fewn blwyddyn neu ddwy dyma y Dai haelionus yn dweud wrthon ni yn Esgairsaeson, 'Os ydych chi ise benthyg y tarw 'na, dewch lan i'w moyn e. Ma fe i chi.'

Felly, fe ddaeth y tarw i Esgairsaeson yn rhad ac am ddim am flwyddyn. Yr unig beth wnes i am gael ei fenthyg oedd mynd â'r tarw i Mr Dyfrig Williams pan holodd a fedrai gael y tarw yn ôl am ychydig. Heblaw am Dai Jones, fydden i byth wedi adnabod y gŵr enwog hwn. Felly diolch, Dai. Ac mae'n rhaid i mi gyfadde fydden i erioed wedi bod yn fridiwr ceffyle neu fridiwr unrhyw beth arall oni bai i mi gwrdd â'r gŵr bonheddig yma, sef Mr Dyfrig Williams.

Oherwydd cyswllt Dai gyda'r gwartheg godro fe ddaeth yn Gadeirydd yr Aberystwyth Cow Club a oedd yn cwrdd yn fisol ym Mhrifysgol Aberystwyth yng nghwmnïaeth yr Athro David Morris. Felly, fe fyddwn i yn codi Dai a William, Tŷ Nant hefyd, ac ambell waith bydde Mr Bernard Talco, Rhodmad yn ymuno gyda ni. Heblaw am Dai, fydden ni erioed wedi mynychu'r cyfarfodydd hynny. Bachgen ifanc swil oeddwn i bryd hynny ond roedd Dai yn medru agor drysau mor ddidrafferth a dwi'n ymfalchïo 'mod i wedi cael y cyfleoedd yma yn ei gwmni.

Rwy'n cofio'r adeg wnaethon ni brynu yr ail darw o Berthlwyd. Yr arian lwc oedd ci defaid bach. 'Cer gatre â hwn 'da ti,' mynte Dai. 'Fe neith e gi da i ti. Gofala bod ti'n ei ddysgu'n iawn neu os na, rho fe mewn dwylo da.' Enw'r ci bach oedd Spot. Ac fe fuodd Spot fyw am bymtheg mlynedd gyda ni yn Esgairsaeson. A dyna enghraifft arall o haelioni Dai. Felly, roeddwn wedi dod i ddeall 'chydig am gŵn defaid hefyd erbyn hyn wrth wrando ar Dai.

Wel, yn ôl at y gwartheg godro. Ymhen tipyn fe wnaeth

'Un drygionus diawchedig!'

Dai ac Olwen orffen gyda'r fuches ym Merthlwyd a 'chydig ar ôl hynny fe wnaethon ninne orffen yn Esgairsaeson. Erbyn hyn roedd angen tarw Limousin arnom a dyma holi Dai a oedd e'n gwybod am un, 'Gad ti e gyda fi, was. Fe ffindia i un i ti,' oedd yr ateb. Ac o fewn 'chydig o ddiwrnode dyma Dai nôl ar y ffôn. 'Dai, wy'n gwybod am darw i ti. Tarw da ofnadw. Ma fe lan 'da Alan Jones, Lleuar Bach, Pontllyfni, gŵr y cŵn defed, lan yng Nghaernarfon. Ma fe moyn mil o bunne. Ma fe'n darw pump oed ond ma sawl blwyddyn ar ôl yndo fe.' A dyma fi yn ffonio Alan Jones a phrynu'r tarw. 'Dewch fyny ryw bnawn Sul,' mynte Alan Jones, 'ac os fedrwch chi, dewch â Dai Jones efo chi.'

Dyma ffonio Dai a mynte fe, 'Dydd Sul nesa amdani, Dai bach. Coda di fi ar ben lôn.' A felly bu. Lan â ni'n dau i Gaernarfon, oedd yn daith o ryw dair awr. Ond roedd y daith fel hanner awr yng nghwmni Dai. Oherwydd roedd shwt gymaint o chwerthin a hwyl a'r storïau yn llifo drwy gydol yr amser. Roedd y daith lan yng nghwmni Dai wedi gwneud y diwrnod a hynny hyd yn oed cyn ein bod ni'n cyrraedd Alan Jones. Ac wrth gwrs ar ôl cyrraedd, beth oedd yn ein disgwyl ond paned ... a chinio dydd Sul bendigedig.

Ar ôl y cinio, fe aethon ni am wâc fach rownd y fferm ac wedyn llwytho'r tarw. Wel, roeddwn i'n meddwl i'n hunan y bydden ni gatre erbyn tua chwech o'r gloch siŵr o fod. Ond, fe aeth hwnna *down the pan* fel ma'n nhw'n dwcud.

O fewn rhyw ddeg milltir dyma Dai yn dweud, 'Wel y jiw jiw, Dai bach, tro lan fan hyn. Gewn ni bancd fan hyn. Ew, wi ddim wedi gweld y teulu bach 'ma ers tro.' A dyma droi mewn i'r buarth a Dai yn mynd mewn i'r tŷ gan alw, 'Misis fach, odi'r tegyl yn berwi ar y tân 'na?' Wel, roedd y ddau yn wên o glust i glust am fod Dai Jones wedi galw. A rwy'n cofio'n iawn pwy oedden nhw, sef tad a mam Bryn Terfel.

A dyna ni, ar ôl rhyw hanner awr yn eu cwmni, bant â ni 'to. Wel, y nefi blŵ, 'mhen 'chydig dyma Dai yn dweud, 'Jiw jiw, tro mewn fan hyn 'to, Dai. Heb weld rhein ers tro.'

A dyma fi'n dweud, 'Dai, ma 'da ni darw yn y bac sydd siŵr o fod ise cyrraedd adre.'

A mynte Dai, 'Sdim ise ti fecso am hwnna, Dai bach. Ma fe wedi setlo lawr yn iawn yn y bocs.'

A felly mewn â ni ... ac ie, chi'n iawn, paned o de arall a chwrdd â theulu bach arall. A dweud y gwir wrthoch chi, dyna un o'r teithie mwya hanesyddol a chofiadwy erioed i fi. Fe wnaethon ni stopio **chwe** gwaith ar ein ffordd adre! A chael paned ym mhob cartre.

Ac o'r diwedd fe gyrhaeddodd y tarw bach Esgairsaeson tua un ar ddeg o'r gloch y nos. Ac roedd y tarw, fel wedodd Dai, yn hollol gysurus. Ond druan ag e, doedd e ddim wedi cael ei baned o de na'r cacs! Ond roedden i wedi llanw hyd y top yng nghwmni Dai!

Roedd Dai bob amser yn dweud wrtha i, 'Ti'n gwybod beth, Dai, ma dy dad yn un o'n arwyr i. Oherwydd o'n i'n edrych fyny arno fe fel un o'r dynion cryfa wy erio'd wedi nabod.' Ac roedd e bob amser yn dweud, 'Ti'n gwybod beth wy'n cofio am dy dad? Ro'dd e'n methu rhoi ei goes yn llwyr i mewn i Argyll welington oherwydd y maint a'r cryfder o'dd yn ei goes.'

Wel, os oedd 'nhad yn arwr i Dai, fe ddaeth Dai i fod yn arwr i 'nhad. Oherwydd yn 1989 fe gollodd 'nhad ei iechyd i'r clefyd cancr ac fe fuodd yn ddifrifol wael ar ôl llawdriniaeth faith. Rwy'n cofio Dai yn fy ffonio i am hanner awr wedi naw y noson wnaeth Mam a finne glywed y pnawn hwnnw bod y sefyllfa yn dechre mynd

'Un drygionus diawchedig!'

yn argyfyngus o ran iechyd 'nhad ac efallai mai dim ond 'chydig o ddiwrnode oedd ganddo ar ôl. A dyma Dai yn dweud, 'Dai, wy 'di siarad ag un o'r meddygon ym Mronglais ac mi ofynnes iddo shwt oedd Mr Harris. Wedodd e wrtha i nad oedd pethe yn dda o gwbwl. Ond wedodd e ei fod yn meddwl y galle fe helpu dy dad ond bod rhaid iddo gael llofnod dy fam cyn gallu ei drin. Wyt ti am i fi gael gair 'to gydag e? Wy wedi bod 'na heno yn edrych ar y gwartheg sy gen i yn pori tir y doctor 'ma.'

'Dai,' wedes i, 'plis allwch chi wneud hynny?' 'Gwnaf,' wedodd e, 'a paid â mynd i'r gwely nes bod y doctor 'ma wedi dy ffonio di nôl.' Wel, am chwarter i ddeuddeg, fe ddaeth yr alwad ffôn oddi wrth y doctor. Yr unig beth wnaeth e oedd gofyn a oedd modd i ni fod yn yr ysbyty erbyn hanner awr wedi wyth y bore canlynol er mwyn llofnodi y darn yna o bapur yn rhoi caniatâd iddo drin fy nhad.

Wel, dyna ni, y bore wedyn fe wnaethon ni odro'n gynnar a lan â ni i'r ysbyty. A phwy ddaeth lan y coridor i gwrdd â ni ond y doctor arbennig yma. A dyma fe'n dweud wrth Mam, 'I have treated your husband already and it's gone well. There is a great possibility that he could make a full recovery. But, there is always a chance that things could take a turn for the worse.'

Ond, fel digwyddodd hi, o'r awr yna fe ddechreuodd 'nhad wella. Roedd yn gallu anadlu'n well ac roedd y niwmonia yn dechre gadael ei gorff. Heblaw am yr alwad ffôn yna gan Dai Jones y noson honno fydde 'nhad byth wedi cael y pedair mlynedd ar ddeg ychwanegol yna a gafodd e. Mae ein dyled ni fel teulu yn enfawr i Dai ac rwy'n gwybod bod Dai wedi mynd allan o'i ffordd i'n helpu ni y noson honno ac fe wnaeth droi yn arwr. Diolch iddo.

89

Wel, doeddwn i fel unigolyn erioed wedi cael y cyfle i ddiolch yn swyddogol i Dai. Ond yn y flwyddyn 2010 fe ddaeth y cyfle oherwydd cyhoeddwyd i'r genedl mai Dai fyddai llywydd Cymdeithas y Sioe Frenhinol yn 2010. Roedd y sir yn codi arian tuag at helpu Dai ar ei daith ac fe ofynnwyd i rai ohonon ni ar bwyllgor Canol Sir Ceredigion y RWAS a fydden ni'n fodlon gwneud rhywbeth i helpu i godi arian. Dyma finne a Huw a Carys, Trefaes Fawr, Beulah o Fridfa Trefaes a Peter ac Ann o Fridfa Menai yn cytuno ac yn uno i gynnal diwrnod agored y brid cobiau Cymreig.

Fe aeth y diwrnod yn dda ac roedd Dai yn ei anterth, yn llawn hwyl a sbri. Fe gawsom ddiwrnod arbennig yn ei gwmni. Ond y peth pwysicaf oll oedd ein bod ni fel teulu, a fy mod i hefyd, wedi cael y cyfle yma i dalu ychydig bach o'r ddyled yn ôl i Dai ac Olwen am yr hyn wnaeth Dai yn 1989, sef rhoi bywyd i 'nhad.

Yn 2016 fe ges i'r fraint o fod yn Llywydd Cymdeithas y Merlod a'r Cobiau Cymreig. Roedd yr AGM yn cael ei gynnal lawr yng Nghaerdydd yng ngwesty'r Vale a dyma fi'n penderfynu cynnal cyngerdd ar noswaith y ginio. A phwy well i holi i'm helpu ond Dai? Fyny â fi i Berthlwyd a gofyn, 'A fyddech chi, Dai, yn fodlon arwain noswaith i fi lawr yn y Vale yn fy AGM?' Heb gymryd anadl, ei ymateb yn syth bin oedd, 'Duw, Duw wrth gwrs ni, Dai bach. Mi 'na i fe wrth gwrs i ti. A fe 'na i fe am ddim i ti.' Dyna werth y gŵr o Lanilar. Roedd yn cydnabod yr angen ac yn barod i helpu pobl ei sir bob amser. Ac roedd yr ymrwymiad yn dal yna pan wnaeth e fy helpu inne y noson honno. Cawson noson hwyliog iawn yn ei gwmni a rwy'n dra diolchgar iddo am hyn.

Rwy'n cofio y flwyddyn ar ôl hynny, dyma Dai ac Olwen yn troi mewn i'r iard yn Esgairsaeson a Dai yn dweud wrtha i, 'Wy wedi dod lawr 'ma heddi nawr i brynu eboles. Eboles coben Gymreig er mwyn i fi gael bridio wrthi.' A dyna ni'n mynd rownd y fridfa a Dai yn penderfynu ar yr eboles a dyma ei gwerthu hi i Dai ac Olwen. Yr hyn oedd rhaid i fi holi wedyn oedd, 'Be licech chi i fi alw'r eboles 'ma Dai, pan fydda i'n ei registro hi?' 'Jiw, jiw,' wedodd Dai, 'weda i wrthot ti be wy ise ti galw hi. Pennal Celine.' Oherwydd Celine oedd enw wyres Dai ac roedd yn meddwl y byd ohoni. Dyna pa mor bwysig oedd y teulu i Dai. A Pennal Celine fuodd hi.

Yr hyn alla i ddweud yw ei bod wedi bod yn bleser i'w adnabod. Mae wedi bod yn bleser cael ei gwmnïaeth. Mae wedi bod yn hwyl a sbri i fod yn ei gwmni. Diolch, Dai.

Yr anfarwol Dai Jones

Charles Arch

Dros ddeugain mlynedd o gyd-deithio, cyd-chwerthin ac edmygedd ... ac fe ddechreuodd y cyfan pan oedd Dai tua pymtheg mlwydd oed.

Roedd hi'n amser cneifio ar ffarm Bryneithinog ym Mhontrhydfendigaid a Dai wedi dod fyny gyda'i ewythr o Langwyryfon. Roedd y cneifio ei hun ar ben a finnau fel cymydog, a rhyw dipyn o fugail, wedi cael y dasg o fynd â deg o ddefaid crwydrol yn ôl i'w cartrefi. Yn rhyfedd iawn roeddwn newydd dorri merlen i fewn, honno heb gyfarwyddo â sŵn o gwmpas ei thraed a finnau yn y cyfrwy. Yn sydyn daeth y forwyn allan â bowlen o bwdin reis i mi ac wrth geisio dal gafael yn y pwdin – a'r defaid – dyma'r gaseg yn neidio allan dros y llidiart. Cedwais fy lle ar y cyfrwy, ac yn bwysicach fyth, dal gafael yn y pwdin reis. Roedd llygaid Dai fel dwy soser yn ei ben a throdd y digwyddiad yn gychwyn ar gyfeillgarwch oes.

Go brin feddyliais i y noson honno y byddem yn dod yn ffrindiau oes, y byddwn yn dod i'w edmygu gymaint ac y byddai'r bachgen hwnnw ar glos Bryneithinog yn dod yn eilun cenedl.

Do, fe gychwynnodd y cyfarfod hwnnw ar gyfeillgarwch oes ac ar flynyddoedd o deithio a threulio amser yng nghwmni ein gilydd. O edrych yn ôl rwyf bellach o'r farn bod y ffraethineb oedd bob amser ar yr wyneb yn cuddio llawer mwy a bod dyfnder di-ben draw i allu a nodweddion Dai.

Medrai Dai fod yn ddoeth tu hwnt wrth drafod sefyllfaoedd anodd. Medrai hefyd fod yn feddylgar pan oedd angen hynny. Gwelais ef yn rhoi teyrnged mewn angladd gan dynnu deigryn o lygaid, a hynny bob amser heb edrych ar ddarn o bapur. Daw hyn hefyd â fi at y cof ardderchog oedd ganddo yn cofio enwau di-ri ac adnabod plant a rhieni yr oedd wedi cyfarfod â hwy flynyddoedd cynt.

Heb os, fe berchnogodd bob rhaglen deledu y bu arni ac fe fydd darnau o'i waith a rhai o'r cymeriadau yn fyw tra bydd cof. Roedd y Sioe yn Llanelwedd yn lle delfrydol i'w dalent ac yn fan y byddai plant a'u rhieni yn tyrru i'w gyfarfod. Bu sôn am godi cofgolofn iddo ar y Maes Gwartheg, ond i fi, cyfyngu ei gyrhaeddiad fyddai hynny, oherwydd y Maes cyfan oedd ei gynefin. Yn ystod wythnos y sioe roedd hi bron yn amhosib i gyd-gerdded â Dai ar draws y Maes oherwydd byddai bron pawb o'r plant yn rhedeg ato a rhaid oedd cael gair â phob un, y cof bendigedig eto yn ei alluogi i alw pob un, bron, wrth ei enw. Rhaid fod parch mawr iddo oherwydd bu'n Llywydd y Gymdeithas Gwartheg Duon Cymreig a Llywydd Cymdeithas Cymru o'r Gymdeithas Treialon Cŵn Defaid. Llawer pwysicach i Dai oedd bod yn Llywydd y Sioe yn Llanelwedd. Crwydrodd y byd fel sylwebydd teledu a gwelodd olygfeydd oedd ymhell o olwg clos Bryneithinog ond er hyn oll yr un oedd Dai ac roedd bro ei febyd yr un mor bwysig iddo.

Cefais nifer o droeon trwstan yn ei gwmni a chwrdd â phobl di-ri. Ar un o'r teithiau i fyny traffordd yr M6 bu raid i ni stopio oherwydd damwain. Buom yno am bum awr a Dai ar ganol y ffordd yn adrodd ei storïau. Pan gyrhaeddodd y plismyn o'r diwedd, i ddweud bod y ffordd yn glir, credaf i'r gynulleidfa fawr gael siom gan gymaint eu chwerthin gyda Dai.

Ie, dyn mawr oedd Dai mewn corff bychan ac yn sicr mae'r werin Gymreig ar eu colled hebddo. Ond mae un peth yr un mor sicr, ni fydd angen cofgolofn gan fod ei raglenni a'r cymeriadau gafodd eu lle arnyn nhw, diolch i dalent Dai, yn mynd i aros yn y cof am byth.

Heb os, roedd Dai yn gyfathrebwr cyflawn ac nid oedd iaith na sefyllfa yn broblem o gwbl iddo.

Cofiaf fynd ar wyliau i Awstria yn ei gwmni a bod mewn arwerthiant gwartheg lle roedd yr iaith yn hollol ddieithr. Dyna lle roedd Dai ynghanol y gweithgaredd gyda gwên fawr ar ei wyneb, yn siarad â phobl heb falio am wahaniaeth iaith. Byddai ffermwyr yn Lloegr, yr Alban a'r Iwerddon yn aml yn ei longyfarch am raglen er nad oedd yr un ohonynt yn siarad Cymraeg.

Enillodd wobr Syr Bryner Jones am ei waith yn hyrwyddo'r Sioe Frenhinol, yr MBE am ei gyfraniad i deledu Cymraeg, ei raglenni a'i ddawn ar gyfer adloniant ysgafn. Cyfrannodd yn helaeth i raglenni teledu dros chwarter canrif a theithiodd y byd yn diddanu. Daeth Doethuriaeth i'w ran hefyd gan Brifysgol Abertawe, eto am ei gyfraniad sylweddol i fyd teledu ac adloniant.

Cymerodd at raglenni *Rasus*, er y mentraf ddweud na welodd na sylwi ar geffyl rasus erioed cyn dechrau sylwebu arnynt. Wedi bod gymaint yn ei gwmni, teimlaf chwithdod hebddo. Byddaf yn meddwl yn aml, beth petai wedi cael byw am chwarter canrif arall? Byddai angen llyfrgell gyfan i gofnodi ei hanes. Ie, diolch iddo am ei gwmnïaeth, ddaw neb arall yn debyg iddo.

Fy arwr Dai Llanilar

ALED WYN DAVIES

MAE LLAWER IAWN o bobol yn dweud na ddylech chi gwrdd â'ch arwr, rhag ofn i chi gael siom, ond y gwrthwyneb yn hollol oedd yn wir i mi. Ar ddechrau'r wythdegau Superman neu bois *The Dukes of Hazzard* oedd arwyr llawer o fechgyn ifainc – ond i mi, Dai Llanilar oedd Superman.

Mae Dad a Mam yn atgoffa pobol yn amal amdana i fel plentyn, tua chwech neu saith oed, yn gwrthod mynd i'r gwely ar nos Sul tan fyddai *Siôn a Siân* wedi gorffen a Dai wedi canu'r gân glasurol fyddai'n cloi pob rhaglen. Byddwn yn eistedd yn llonydd yn gwylio ac yn astudio Dai yn canu, yna byddwn yn mynd yn syth i gysgu wedi clywed yr hyn oeddwn i eisiau am wythnos arall. Mae'n rhaid bod diddordeb ynof yn y canu hyd yn oed bryd hynny. Beth well cyn mynd i noswylio na chlywed Dai yn ei morio hi yn perfformio 'O! Na byddai'n Haf o hyd', 'Arafa Don' a 'Bugail Aberdyfi', neu falle yn ein swyno ag emyn-dôn hyfryd?

Roedd gwylio Dai, fy arwr, ar y teledu yn rhywbeth oedd yn digwydd yn naturiol yma ym Mhentremawr. Os oedd *Cefn Gwlad* ymlaen, byddai'n rhaid gwylio oherwydd doedd dim *repeats* ar S4C yr adeg honno, ac os byddem yn colli rhaglen dda oherwydd rhyw ddigwyddiad arall byddai siom enfawr a dim cyfle arall i ail-wylio.

Roeddwn wrth fy modd yn gweld Dai yn mentro allan o'i *comfort zone* pan fyddai'n ceisio dringo rhyw fynydd serth ar raffau, a fyntau yn hongian yn yr awyr ac yn ofni'r gwaethaf, neu yn mynd lawr yr afon mewn cwrwgl, yn siŵr o syrthio mewn, neu yn ceisio sgio gyda'i ffrind annwyl, Wil yr Hafod. Wel, roedd 'na chwerthin yn y tŷ 'cw!, a mae'r atgofion amdano yn llifo yn syth. Ond dawn bennaf Dai oedd cael y gorau allan o bawb roedd yn sgwrsio â nhw bob tro. Byddai Dai yn cyrraedd lleoliad ffilmio *Cefn Gwlad* ac yn dechrau sgwrsio dros baned o de. Byddai pawb wedi ymlacio'n llwyr cyn i'r camerâu ddod allan hyd yn oed. Roedd ganddo'r ddawn brin i allu gwneud unrhyw sgwrs yn ddiddorol, ac yn fwy na dim, roedd ganddo wir ddiddordeb mewn pobol ac roedd e eisiau clywed eu storïau. Dyna pam iddo fod ar y teledu ac ar lwyfannau am gymaint o flynyddoedd.

Wedi i mi ennill dwy gystadleuaeth fawr, am y tro cyntaf, yn yr Eisteddfod Genedlaethol yn 2001, un o'r rhai cyntaf i ffonio Pentremawr i'm llongyfarch oedd Dai. Doeddwn i heb gwrdd ag e rhyw lawer cyn hynny, a ches i sioc ei fod wedi cysylltu ac yn gwybod pwy o'n i. Ond roedd Dai yn nabod pawb! Roedd wedi bod yn cystadlu yn erbyn chwiorydd fy nhad yn ystod y blynyddoedd cynnar. Roedd yn nabod y teulu a byddai bob tro yn fy atgoffa o'u lleisiau bendigedig nhw. Tua mis ar ôl yr Eisteddfod roedd Dai ar y ffôn unwaith eto ac wedi cael syniad. Roedd am ddod yma i Bentremawr i wneud rhaglen *Cefn Gwlad* amdana i. Roedd hyn yn dipyn o sioc i mi a mwy fyth i Dad. Roedd Dad yn casáu gweld camerâu yn cyrraedd y ffarm, ond roedd yn nabod Dai yn iawn, ac mi gytunodd iddo gael dod. Dwi'n cofio i ni fod wrthi fel lladd nadredd yn ceisio tacluso tipyn ar y lle cyn iddo gyrraedd, ac yn fwy na dim cyn i'r camerâu ddod! Dwi'n siŵr bod hyn

Fy arwr Dai Llanilar

yn broses a ddigwyddodd ar nifer fawr o ffermydd dros y blynyddoedd, a dwi'n cofio ni'n dweud wedi i ni orffen ei bod hi'n drueni na fyddai Dai a'i gamerâu yn dod yn amlach fel ein bod ni'n cael trefn ar y lle.

Roedd Dai wrth ei fodd acw y bore cynta, yn sgwrsio gyda'r teulu wrth gael paned a chacen a dyma fo'n dweud, 'Wel! Aled bach, mae'n well i ni neud rhywbeth.' A dyma feddwl ble i fynd gynta. Doedd gan Dai ddim sgript byth ond, cofiwch, byddai wedi paratoi yn ei ben beth roedd am ei holi a beth yr hoffai ei weld ar y ffordd draw yn y car. Dyna oedd yn gwneud ei sgyrsiau mor naturiol a hwyliog, dwi'n credu.

Dwi'n cofio'r sgwrs a recordiwyd pan oeddwn wedi hel mewn y defaid ifainc Cymreig gorau i'r Lloc. Roedd hi'n flwyddyn pan ddaeth Clwy'r Traed a'r Genau i Gymru ac roeddwn yn methu symud defaid o un lle i'r llall. Penderfynwyd cadw'r defaid gorau y flwyddyn honno yn hytrach na'u gwerthu, a dyma fi'n dangos y defaid i Dai. Roedd wrth ei fodd yn cerdded drwy'r defaid Penwyn Cymreig yn eu stydio a'u canmol cyn dod yn ôl at y giât ataf gan ddweud, 'Drycha arnynt, maent i gyd yn edrych arnom fel côr o ferched hardd, yn dyden,' a finne yn ateb heb feddwl dim, "Se well gen i gadw'r defaid, Dai.' Roedd Dai yn ei ddyblau yn chwerthin yn braf. Daeth Dai i'r sêl ddefaid yn Llanidloes un flwyddyn i brynu diadell o ddefaid Penwyn Pentremawr. Am flynyddoedd lawer wedyn, fe fyddai'n fy nghyflwyno i mewn nosweithiau drwy ddweud eu bod nhw'n dal eto fo am ei fod yn aros iddyn nhw dalu am eu gwerth.

Mewn cyfweliad arall ar *Cefn Gwlad* fe ofynnodd i mi siarad am y dyfodol o safbwynt y canu. Dw i'n cofio ei eiriau rŵan: 'Be 'di'r dyfodol, Al? Be ti am neud nesa. Be 'di'r freuddwyd?' A dyma fo'n dweud yn onest ac o'r galon, 'Cer am y Rhuban Glas, Al. Ma gen ti'r llais i neud o. Gweithia ar y llais yna a cer amdani, achos dyna'r anrhydedd fwya all unrhyw ganwr clasurol ei gael yma yng Nghymru. Wnei di fyth ddifaru.' Arhosodd y geiriau a'r cyngor yna gen i am yn hir iawn a Dai roddodd yr anogaeth roeddwn ei hangen ar y pryd i fynd ymlaen fel canwr clasurol. Ond, wrth gwrs, roedd lot fawr o waith i'w wneud. Ymhen tair blynedd roeddwn wedi ennill yr Unawd Tenor agored yn yr Eisteddfod Genedlaethol a dwy flynedd yn ddiweddarach yn Abertawe yn 2006 daeth y freuddwyd yn fyw pan gipiais y Rhuban Glas. Y cynta i ffonio i longyfarch oedd Dai, a dyma fe'n dweud bod y dagrau yn llifo ym Merthlwyd y noson honno. Dw i mor ddiolchgar iddo am y cyngor a'r anogaeth y diwrnod hwnnw.

Wedi'r fuddugoliaeth fawr ces lawer gwahoddiad i ganu mewn cyngherddau dros y wlad a thu hwnt, ac yn aml iawn y fraint o gael cwmni Dai yn arwain y nosweithiau. Dwi'n credu yn dawel bach mai Dai oedd yn rhoi fy enw i 'mlaen i'r pwyllgorau oherwydd roedd yn gweld ychydig ohono'i hun yndda i siŵr o fod: ffermwr oedd yn dal i amaethu o ddydd i ddydd, ond oedd hefyd wedi gallu gwneud gyrfa neu *sideline* bach braf fel tenor clasurol. Ces gyfle ar sawl achlysur i rannu car efo Dai wrth fynychu cyngherddau ac roedd yn bleser. Fe fyddai Dai yn fy nghasglu i, os oedd cyngerdd yn y gogledd, a finnau yn pigo fe fyny yn Llanilar os oedd y digwyddiad yn y de. Bob cwm bydden ni'n mynd drwyddo byddai 'na stori am ryw gymeriad oedd yn byw yno a stori arall am y ffermydd lle fyddai e wedi bod yn ffilmio *Cefn Gwlad*. Byddai'r radio'n mynd yn y cefndir gyda recordiad o ryw denor yn canu ac roedd rhaid gwrando ar ddiwedd pob cân i weld be o'n i'n feddwl o *top note* y tenor.

Fy arwr Dai Llanilar

Ces gyfle am yr eildro i groesawu Dai a'i gamerâu i'r ffarm yn 2017, wrth iddyn nhw recordio rhaglen *Cefn Gwlad* am Gôr Meibion Machynlleth ac i finnau, fel un o'r aelodau, gael fy newis i siarad efo Dai. Dyma gyfle i ddal fyny gyda fy ngyrfa ers iddo fod acw dros bymtheng mlynedd ynghynt. Roeddem yn paratoi i hela'r defaid lawr o'r mynydd at yr hyrddod ac ar fore hyfryd o Hydref daeth Geoff, y dyn camera, â'r *drone* allan a dal golygfeydd arbennig o'r mynydd a'r ardal o'r awyr.

Pan oeddwn yn helpu i godi arian i Eisteddfod Genedlaethol Maldwyn yn 2015 ces y syniad o gynnal cyngerdd o ganeuon yr Hen Ganiadau. Gwahoddwyd wyth o gantorion profiadol, gan gynnwys Tom Gwanas a Mary Lloyd-Davies i ganu'r ffefrynnau efo fi. Dim ond un person allwn i holi i arwain y noson! Ffoniais Dai, ac er iddo ddweud ei fod wedi torri nôl ar gyflwyno nosweithiau, mi gytunodd yn syth. Cawsom noson fendigedig ac roedd pawb wrth eu bodd yn gwrando ar storïau Dai oedd mor ddoniol ag erioed.

Cawsom sioc ar ddiwedd y noson pan gyhoeddodd Dai mai hwn fyddai'r tro olaf iddo gyflwyno cyngerdd. Roedd y cylch yn grwn oherwydd ychydig lathenni lawr y ffordd yn y Tabernacl ym Machynlleth roedd wedi dechrau ei yrfa gerddorol wrth gael gwersi canu gan y cerddor Ifan Maldwyn Jones. Roeddwn mor falch fod Dai wedi cytuno i gyflwyno y noson olaf un yma ym Maldwyn i ni.

Y fraint fwyaf dw i wedi ei chael erioed oedd canu yng Ngwasanaeth Coffa Dai yn Llanilar yn 2022. Fe allai'r teulu fod wedi holi unrhyw un i ganu y diwrnod hwnnw, ond y fi oedd Dai eisiau. Roeddwn mor falch o allu rhoi rhywbeth yn ôl i ddyn oedd wedi gwneud cymaint o argraff arna i erioed. Oes, mae colled fawr ar ei ôl, ond bydd yr atgofion sydd gennym amdano gyda ni am byth.

Fydd neb fel Dai

Geraint Evans

Bob blwyddyn, fe fydden i'n cael un cyfarfod mawr gyda Dai. Cyfarfod pwysig i fi a'r tîm cynhyrchu yn ITV Cymru, i gyfres *Cefn Gwlad* ac i S4C, a chyfarfod pwysica'r flwyddyn i Gardi. Nid cyfarfod i drafod y gyfres a fu, neu'r un oedd ar y gweill oedd hwn, na pha raglenni oedd wedi perfformio orau a beth oedd y ffigyrau gwylio. Na, cyfarfod oedd hwn i drafod contract Dai.

Tri chymeriad oedd yn y ddrama. Finnau fel Pennaeth Rhaglenni Cymraeg ITV Cymru, cyfrifydd ITV a Dai. Doedd dim asiant gan Dai. Doedd dim angen asiant arno. Wedi'r cyfan byddai'n rhaid talu rhyw 10% i un o'r rheiny siŵr o fod, a phwy gwell na Dai ei hunan i ddatgan ei achos.

Bydden i wastad yn gwybod beth i ddisgwyl. Roedd e fel petaen ni'n cymryd rhan yn yr un olygfa ar yr un set yn flynyddol. O un flwyddyn i'r llall, fyddai'r sgript ddim yn newid.

A rhywbeth tebyg i hyn oedd hi bob tro:

'Nawr 'te, Ger bach. Ti'n gwbod bod *Cefn Gwlad* yn mynd â'n amser i i gyd, mod i byth gatre, achos mod i'n hala misoedd yn trafaelu ar hyd a lled y wlad i gwrdda cyfranwyr, bod misoedd yn mynd 'to yn mynd fan hyn a fan'co i ffilmo, ac wrth gwrs ma'n rhaid i fi ddod lawr fan hyn i Gaerdydd i ddybio, heb sôn am yr angladde ...'

Fydd neb fel Dai

I Dai, roedd angladdau yn rhan o'r job. Ar ôl cau gât y ffarm wedi gorffen ffilmio, doedd e ddim yn un i anghofio'r rhai oedd wedi gadael i gamerâu *Cefn Gwlad* gael cip ar eu bywydau. Ro'n nhw'n dod yn rhan o'r teulu. Ac wedi degawdau o grwydro i bob cwr o Gymru a thu hwnt, roedd hwnnw'n deulu mawr. Felly i Dai roedd angladdau hefyd yn rhan o swydd y cyflwynydd a'r cynhyrchydd.

Ac o'n i wastad yn gwybod beth fyddai'n dod nesa ...

'A ti'n gwbod shwt ma prisie diesel wedi mynd lan. Heb sôn am goste ffîd a fertiliser ...'

Yr un peth o'n i yn gwybod, wrth gwrs, oedd bod dim modd rhoi pris ar gyfraniad Dai. Un o hoelion wyth y sianel oedd hwn a chanddo'r gallu unigryw i ddenu yr hen a'r ifanc, pobol y wlad a'r dre, i'w wylio fe yn mynd trwy ei bethe ar gamera. Un o'r cymeriadau mwyaf yn hanes ein sianel fach ni. Ac oedd, roedd e'n amhrisiadwy.

Bues i'n ddigon ffodus i ddod i nabod Dai yn nyddiau HTV yng Nghroes Cwrlwys, ac yna ITV Cymru lawr yn y bae. Ac er ei fod e'n cael ambell i drip lawr i Gaerdydd, dw i ddim yn credu y gallech chi ei ddisgrifio fe fel boi swyddfa. Fyddai e byth wedi gallu byw tu ôl i ddesg. Ond eto, roedd e'n goleuo'r swyddfa pan fyddai e'n dod mewn trwy'r drws, ac yn rhoi gwên ar wynebau hen ac ifanc oedd yn gwybod eu bod nhw yng nghwmni cymeriad arbennig.

Doedd Dai ddim yn foi sgript. Pan fyddai e'n dod mewn i roi ei lais ar raglenni *Cefn Gwlad*, yn wahanol i gyflwynwyr craill, siarad o'r frest fyddai Dai'n ei wneud, gan roi lliw i'r llun oedd ar y sgrin o'i flaen.

Er iddo dreulio degawdau yn cyflwyno ar S4C, nid cyflwynydd oedd e. Dai oedd Dai. P'un ai oedd e ar y sgrin neu yn eich cwmni. Ac roedd e'n hollol gymwys i'r rôl yna o fod yn gyflwynydd *Cefn Gwlad*, oherwydd ei fod e'n ymgorfforiad o gymaint sydd yn dda am gymunedau gwledig Cymru.

Roedd yn ffarmwr ac yn ganwr o fri, yn holwr, yn sgwrsiwr ac yn ben diddanwr. Ac roedd ganddo'r ddawn arbennig yma i wneud i bob un deimlo'n gartrefol yn ei gwmni ac yn llwyddo i gael pobol i siarad.

Roedd e wedi gwneud ei farc ar deledu cyn dyddiau cyntaf S4C wrth gwrs. Yn enillydd y Rhuban Glas, fe ddaeth yn gyflwynydd *Siôn a Siân*, ac yna i S4C yn gyflwynydd *Noson Lawen, Rasus* a hyd yn oed *Fferm Ffactor*. Ond *Cefn Gwlad* oedd rhaglen Dai, a thrwy groniclo hanes a bywyd cefn gwlad Cymru dros bedwar degawd mae wedi sicrhau fod yna drysorau ar ei ôl yn ein harchifau.

Mae yna sôn mawr yn yr oes hon am blatfformau gwylio eraill ... am gyfryngau cymdeithasol a mor bwysig yw'r rheiny wrth ddenu cynulleidfa newydd. Y gwir yw bod Dai yn seren yn y mannau hynny hefyd. Mae'r atgofion yn fyw ar Facebook ac YouTube, yn pontio rhwng yr hen lwyfannau a'r llwyfannau newydd. Diolch byth na chafodd Dai ei adael yn rhydd i ddweud ei farn ar Twitter. A meddyliwch beth fyddai Dai wedi'i wneud o TikTok.

Fe wnaeth rhywun yn S4C ofyn i fi un tro i feddwl am *'succession plan'*. Ro'n nhw am i ni ddechrau cynllunio ar gyfer ymddeoliad Dai. A chwarae teg, ro'n nhw'n poeni am y bwlch enfawr y byddai Dai Jones yn ei adael ar ei ôl pan fyddai e'n rhoi'r gorau iddi. Ro'n nhw am i fi gael sgwrs gyda Dai i drafod hynny, i holi pryd oedd y diwrnod hwnnw'n mynd i ddod? A oedd Dai'n meddwl arafu a gwneud bach llai o grwydro a ffilmio a phwy allai ddod yn ei le?

Nawr o'n i'n gwybod bod dim pwynt i fi gael sgwrs gyda Dai am ymddeol. Nac arafu. Ac yn bendant ddim am rywun i gymryd ei le!

A diolch byth, fe wnaeth Dai ddal ati, wrth gwrs, tra bod y corff yn caniatáu iddo wneud hynny, gan roi cyfle i leisiau ifanc i rannu'r sgrin gydag e. Fe wnaeth e ddangos ei ddawn a gwerth naturioldeb iddyn nhw a throsglwyddo'r awenau i'r genhedlaeth nesa.

Nid dod o hyd i Dai arall oedd hynny. Roedd hynny'n amhosib. Fydd yna neb arall fel Dai. Ond gobeithio y bydd yr atgofion amdano yn byw'n hir yn y cof ac yn ysbrydoli y rhai sy'n dod ar ei ôl.

O'r clos ffarm i lwyfan steddfod, o'r rasus i'r *piste* ac o *Siôn a Siân* i'r Sioe. Mae'r byd darlledu a chefn gwlad yn sicr yn dlotach o lawer heb Dai Jones.

Canu oedd
ei gariad cyntaf

Linda Griffiths

Mi gwrddais i â Dai gyntaf yn ystod dyddiau Plethyn. Yn aml iawn mi fyddai Dai'n cyflwyno rhyw noson neu'i gilydd roedden ni'n cymryd rhan ynddi fel grŵp, ac mi fyddai 'na chwerthin mawr yn y gynulleidfa a gefn llwyfan bob tro. Roedd yr un peth yn wir pan oedden ni'n recordio rhaglenni *Noson Lawen* ar gyfer S4C. Roedd afiaith a hiwmor Dai yn help i dawelu'r nerfau.

Ro'n i'n rhyw led adnabod Dai felly, ond cefais y pleser o ddod i'w nabod o'n well yn 1993 pan ddaeth cyfle imi gyd-gyflwyno'r rhaglen *Rasus* efo fo ar S4C. Roedd *Rasus* yn mynd allan yn fyw bob nos Fawrth ac roedd cyflwyno rhaglen o'r fath yn brofiad cwbl newydd i mi. Ro'n i'n ddihyder ac yn nerfus dros ben. Diolch byth am Dai a'i gefnogaeth. Mi fyddai'r ddau ohonon ni'n teithio i fyny i Dir Prins efo'n gilydd fel arfer ar ddydd Mawrth, ac ro'n i bob amser yn edrych ymlaen at y siwrneiau hynny. Roedd y ddau ohonon ni'n hoff o gŵn, ceffylau a chanu. Ro'n i hefyd yn hoff o gathod ond roedd Dai – fel mae llawer o bobl yn gwybod – yn casáu cathod. Ro'n i wedi tybio mai myth oedd hynny nes i un o fy nghathod i fynd allan i'w gyfarch pan ddaeth i fy nghartref am y tro cyntaf. Mi

Canu oedd ei gariad cyntaf

roddodd Dai floedd a rhedeg fel mellten yn ôl i'w gar. Mae'n debyg bod cath wedi plannu ei gewinedd i mewn ynddo a dal yn sownd pan oedd o'n blentyn, a'r ofn a deimlodd o bryd hynny wedi aros efo fo. Ond fel gyda'i ofn o ddŵr, mi lwyddodd Dai i droi'r arswyd yn destun digrifwch i eraill.

Roedd Dai yn hoff iawn o bobl sir Drefaldwyn a chan fy mod i'n 'lodes o Faldwyn' roedd hynny'n plesio o'r cychwyn cyntaf. Mae teithio mewn car efo rhywun yn wythnosol yn ffordd dda o ddod i'w hadnabod a doedd dim prinder sgwrs. Byddai Dai yn llawn bwrlwm, yn sôn am bopeth oedd ganddo ar y gweill, a minne'n rhyfeddu at ei amserlen brysur. Roedd ei egni a'i frwdfrydedd yn rhyfeddol ac roedd yn byw pob eiliad o'i fywyd i'r eithaf. Byddai'n sôn hefyd am y teuluoedd oedd yn byw yn nifer o'r ffermydd ar hyd y daith i Dir Prins ac ro'n i'n cael yr argraff ei fod yn nabod pawb!

Doedd gwneud rhaglen fyw ddim i'w weld yn poeni Dai o gwbl. Unwaith neu ddwy, a finne wedi byta fawr ddim ers tua deuddydd oherwydd y nerfau, mi sylwais ar Dai'n byta clamp o fyrger ychydig funudau cyn inni fynd ar yr awyr! Os oedd o'n teimlo'n nerfus o gwbl, roedd yn llwyddo i guddio hynny'n dda iawn.

Roedd y daith adre bob amser yn un hapus iawn, i finne yn enwedig am fod rhaglen arall wedi'i chwblhau. Roedd 'na ganu mawr fel arfer, ac mae gen i atgof melys iawn o ddod yn ôl adeg c'naea gwair, ffenestri'r car led y pen ar agor, arogl gwair wedi'i dorri a Dai a finne'n morio canu 'Seidir Ddoe'. Roedd y profiad o gyflwyno *Rasus* yn un chwerw felys i mi. Roedd y gwaith cyflwyno ei hun yn anodd, am fy mod i'n ddibrofiad, ac am mai *side-kick* benywaidd i Dai oeddwn i mewn gwirionedd. Roedd hynny'n arfer cyffredin yn y cyfryngau ar y pryd ac mae

105

pethau wedi newid erbyn hyn, diolch byth. Wedi deud hynny, dwi ddim yn difaru. Roedd yn brofiad gwerthfawr yn y pen draw ac roedd cwmni Dai yn donig. Dwi'n ddiolchgar iawn iddo am fod mor hael a chefnogol ac am ei ofal ohona i. Roedd ei agwedd tuag ata i yn un tadol iawn ac ro'n i bob amser yn teimlo'n saff ac yn gyfforddus yn ei gwmni.

Mi fyddai Dai bob amser yn siarad efo balchder ac anwyldeb am ei deulu, ac am Olwen ei wraig yn arbennig. Mi fyddai'n llawn straeon hefyd am ei wyresau. Roedd wrth ei fodd efo plant, a phlant hefyd wrth eu bodd yng nghwmni Dai. Dwi'n cofio mynd heibio Llyn Tegid efo Dai un tro gyda Gwenno, fy merch, oedd yn ddwy oed ar y pryd, yn ei chadair fach yng nghefn y car. Wrth inni basio'r llyn, mi bwyntiodd ato a deud, 'Drycha, Mam, bath'. Roedd Dai wedi gwirioni, ac mi fyddai'n fy atgoffa o hynny am flynyddoedd wedyn.

O'r holl DVDs oedd yn ein tŷ ni pan oedd y merched yn fach, un *Dai ar y Piste* oedd un o'r rhai mwyaf poblogaidd. Oedd, mi oedd o'n berson naturiol drwsgl a hynny ynddo'i hun yn creu digrifwch, ond roedd ganddo feddwl chwim hefyd a'r ddawn i neud i bobl o bob oed chwerthin. Dwi'n cofio clywed stori amdano fo a Wil yr Hafod, cymeriad arall arbennig a ddysgodd Dai i sgïo ar y gyfres *Dai ar y Piste*. Roedd y ddau wrthi'n brysur yn byta stecen fawr pan drodd Wil at Dai a gofyn, 'Wyt ti dal â dy ddannedd dy hun, Dai?' a Dai yn ateb fel chwip 'Odw i. Pam? Rhai pwy sda ti, 'te?!'

Un o hoff bethau Dai oedd gwneud i bobl chwerthin. Mi gafodd yr hiwmor hwnnw fi i drafferthion wrth i Plethyn recordio rhifyn o *Cefn Gwlad* yn 1997. Roedd Dai a minne wedi bod yn tynnu ar ein gilydd trwy'r dydd a dwi ddim yn cofio pam yn union, ond mi ddechreuais i chwerthin yn ystod cyfweliad yn nhafarn Y Goat yn Llanfihangel yng Ngwynfa. Efo Dai yn gofyn cwestiynau, a'i lygaid yn dawnsio efo direidi, collais reolaeth yn llwyr a methu ateb, er i'r criw ffilmio roi cynnig ar ôl cynnig arni. Yn anffodus i fi, roedd y testun yn un difrifol ac mi ddechreuwyd y rhaglen efo'r clipiau y dylid fod wedi'u taflu. Roedd Dai wrth ei fodd wrth gwrs. Roedd o'n gwybod yn union sut i 'nghael i i ddal ati i chwerthin ac roedd wedi llwyddo i gael y gore arna i unweth eto!

Yn Hydref 2018 cefais alwad ffôn gan Geraint Lloyd, cynhyrchydd y rhaglen radio *Ar Eich Cais*, yn gofyn a fyddai gen i ddiddordeb mewn cyflwyno'r rhaglen am ychydig wythnosau yn absenoldeb Dai, a oedd yn mynd i'r ysbyty i gael triniaeth. Roedd yn fraint fawr a chytunais, ar yr amod bod Dai yn hapus gyda hynny. Roedd y rhaglen *Ar Eich Cais* yn agos iawn at ei galon. Roedd wedi gosod ei stamp ei hun arni ac nid ar chwarae bach yr oedd rhywun yn mentro cymryd ei le. Roedd gen i esgidiau enfawr i'w llenwi. Ond roedd gen i ddwy fantais. Roedd Dai a fi'n ffrindiau, ac unwaith eto roedd y ffaith 'mod i'n un o ferched Maldwyn yn golygu imi gael sêl bendith Dai ar unwaith i gymryd ei le dros dro. Dwi'n ddiolchgar iawn iddo am hynny. Roedd hi'n dipyn o dasg i'w hwynebu ar y gorau, ond mi fyddai wedi bod yn amhosib heb gefnogaeth Dai.

Mae *Ar Eich Cais* yn rhaglen sy'n agos at galon cymaint o bobl yng Nghymru ac roedd cael ei chyflwyno dros dro yn fraint fawr. Roedd Dai, dros y blynyddoedd, wedi creu rhaglen arbennig iawn, gyda'i arddull naturiol agos atoch chi ac roedd hi'n rhan hynod bwysig o nosweithiau Sul gwrandawyr ledled Cymru. Dwi'n cofio Dai yn deud wrtha i cyn imi ddechrau, 'mi fyddi di wrth dy fodd ac mi fyddi di'n teimlo'r cariad', ac ar ôl bod wrthi'n cyflwyno am ychydig o wythnosau ro'n i'n deall yn union beth oedd ganddo. Roedd Dai wedi creu rhaglen oedd yn ennyn cariad y gwrandawyr. Cefais syrpréis bach un tro wrth gyflwyno a hithe'n ben blwydd arna i. Heb yn wybod i mi, roedd Dai wedi trefnu efo Geraint, y cynhyrchydd, i wneud recordiad ohono'i hun yn rhoi cyfarchion pen blwydd imi. Roedd yn beth hael iawn i'w wneud, a minne'n eistedd yn y sedd y dylai Dai fod yn eistedd ynddi ar y pryd. Roedd yn brofiad i'w drysori.

Pan ddaeth hi'n amlwg na fyddai Dai yn gallu dychwelyd i gyflwyno *Ar Eich Cais*, bu'n rhaid imi ildio'r sedd, am mai yno dros dro yr oeddwn i. Mi wnes i hynny gyda thristwch mawr, gan wybod na fyddai Dai yn dychwelyd. Dwi'n hynod falch imi gael y fraint o gyflwyno *Ar Eich Cais* ac, fel gyda *Rasus*, yn hynod ddiolchgar i Dai am ei haelioni a'i gefnogaeth a ganiataodd imi 'deimlo'r cariad' yr oedd Dai wedi'i feithrin ymhlith gwrandawyr y rhaglen.

O'r holl bethau oedd yn mynd â bryd Dai, canu a cherddoriaeth oedd agosaf at ei galon yn y bôn. Petai am gael ei gofio am un peth yn anad dim arall, dwi'n credu mai am ei gyfraniad fel canwr y byddai hynny. Am ei fod yn gymaint o gymeriad ac wedi neud ei farc fel cyflwynydd a digrifwr dros y blynyddoedd, roedd rhywun yn tueddu i anghofio weithiau am ei ddawn fel canwr a'i lwyddiant mawr yn y byd cerddorol. Mi fyddai'n sôn yn aml amdano fo a'i ffrindiau'n mynd o gwmpas y Steddfodau pan oedden nhw'n ifanc, yn ennill arian poced da mewn cystadlaethau canu, ac mi aeth ymlaen wrth gwrs i ennill y Rhuban Glas yn yr Eisteddfod Genedlaethol yn 1970. Fel y byddai rhywun yn disgwyl roedd o'n canu efo angerdd ac arddeliad. Canu oedd ei gariad cyntaf a diolch i'r recordiau a adawodd ar ei ôl mae'n dal i swyno cynulleidfaoedd efo'i lais tenor bendigedig.

Roedd Dai yn nodweddiadol o ddyn o'i oedran, ac er fy mod i'n meddwl y byd ohono, roedd 'na rai pethau oedd yn mynd yn groes i'r graen efo fi o bryd i'w gilydd. Dwi'n berson eitha di-flewyn-ar-dafod ac felly roedd Dai'n cael gwybod ar unwaith os o'n i'n anhapus am rywbeth. Ond mi ddois i ddeall yn weddol fuan mai gwastraff anadl llwyr oedd hynny. Roedd unrhyw feirniadaeth yn llifo fel dŵr oddi ar gefn hwyaden. Roedd ganddo farn bendant, a boed yn beth da neu ddrwg, doedd o'n poeni dim beth oedd pobl eraill yn ei feddwl. Roedd o'n gwbl gyfforddus yn ei groen ei hun, a dyna ni.

Dro ar ôl tro dwi wedi clywed pobl yn deud, 'Roedd Dai yn ffrind i bawb' ac mae hynny siŵr o fod yn wir. Dwi'n cofio ffrind imi'n deud ei fod wedi gweld Dai yn gyrru heibio unwaith ac wedi codi llaw arno heb feddwl ddwywaith, er nad oedd o wedi cwrdd â fo erioed. Dwi'n siŵr bod llawer o bobl wedi neud yr un peth. Pan fu Dai farw, mi deimlwyd y golled ar lefel bersonol ledled Cymru, a phobl ym mhob cwr o'r wlad a thu hwnt yn teimlo eu bod wedi colli ffrind. Mae hynny'n ddeud mawr.

Mae Cymru gymaint yn dawelach a thlotach ar ôl colli Dai. Yn ystod ei oes, mi chwythodd drwy'r wlad fel corwynt ac mae'n rhyfedd meddwl bod y corwynt wedi gostegu erbyn hyn. Ond yn wahanol i gorwynt arferol, nid dinistr a llanast adawodd Corwynt Dai ar ei ôl ond sŵn chwerthin a chanu. Diolch iti, Dai, am ein gadael ni gyda gwên ar ein hwynebau a chân yn ein calonnau.

Y dihiryn a drodd yn arwr!

николаям Nia Roberts

MAE GAN BAWB yng Nghymru stori am Dai Llanilar, mae'n siŵr gen i, a phob stori, boed yn ymwneud â *Cefn Gwlad* neu'r *Sioe Fawr*, *Ar y Piste* neu *Siôn a Siân* yn codi gwên neu bwl o chwerthin. Roedd gan Dai y gallu yna i wneud i bobl deimlo'n gyfforddus a llawen yn ei gwmni, a hynny ar y sgrin neu oddi ar y sgrin. Roedd o'n deall pobl ac yn adnabod ei gynulleidfa i'r dim. Mi fydd yn chwith i chi ddeall, felly, nad oeddwn i'n rhy hoff o'r Dai Jones Llanilar 'ma pan glywais i amdano gyntaf erioed!

Dwi'n mynd nôl i'r 70au ac i bafiliwn Eisteddfod Genedlaethol Rhydaman. Mae pawb sy'n gyfarwydd â gyrfa Dai yn gwybod mai fel canwr y gwnaeth o argraff ar y genedl am y tro cyntaf ac ym 1970 roedd y tenor ifanc ar dân! Fe blesiodd y beirniaid yn Eisteddfod Ryngwladol Llangollen ym mis Gorffennaf ac fe'i coronwyd yn Ganwr y Flwyddyn. Ymhen ychydig wythnosau, roedd o'n tanio eto. Y tro yma ar lwyfan Eisteddfod Genedlaethol Rhydaman. Fe enillodd yr Unawd Tenor, cyn cipio Gwobr Goffa David Ellis, y Rhuban Glas, ar y dydd Sadwrn. Yn bum mlwydd oed, dyma pryd y clywais i gyntaf am y Tenor o Lanilar. Fel hyn y mae R. Alun Evans yn nodi digwyddiadau Rhydaman 1970 yn ei gyfrol *Y Rhuban Glas*:

'Ar nos Sadwrn y Rhuban Glas yr oedd saith, nid y chwech arferol, i fod i gystadlu (rhannwyd gwobr y Bariton rhwng dau), ond ar y Sadwrn collodd y Contralto (Mabel Roberts) ei llais ...'

Mam oedd Mabel Roberts, felly chanodd hi ddim. Mae Alun Evans yn parhau â'r hanes ...

'Colli ei fag cerddoriaeth ar y cae wnaeth y Tenor, ond fe enillodd Dai Jones y Rhuban Glas ac yntau'n 26 oed.'

Do, fe wireddwyd breuddwyd Dai yn Rhydaman, sef efelychu ei arwr, Richard Rees, Pennal, ac ennill y Rhuban Glas. Ond i mi, yn bum mlwydd oed, hwn oedd y boi oedd wedi curo Mam a theg yw dweud nad oedd o'n arwr i mi ar y pryd!

Ymhen blynyddoedd wedyn, mewn Eisteddfod Genedlaethol arall, Caerdydd ym 1978, fe drodd y dihiryn yn arwr. Roeddwn i'n dair ar ddeg erbyn hyn ac yn aros efo fy rhieni yn un o fflatiau'r Brifysgol oddi ar North Road yn y brifddinas. Roedd 'na sawl teulu ohonom yn aros yno ac ar y diwrnod arbennig yma, roedd 'na gamddealltwriaeth ynglŷn â sut yr oeddwn i'n cyrraedd adre o'r Maes ym Mhentwyn. Y man cyfarfod oedd safle HTV a dyna lle roeddwn i'n sefyll yn disgwyl am Mam a Dad a dim golwg o neb. Ymhen hir a hwyr, gofynnwyd imi am bwy oeddwn i'n disgwyl. Wedi imi sôn, dyma Dai yn ymddangos a dweud bod Dad a Mam newydd adael. Yn hollol nodweddiadol o Dai, mi ofalodd o mod i'n cyrraedd adra'n saff.

Cofio Dai

Dychmygwch yr olygfa, Dai Llanilar yn dreifio, y baswr Richard Rees, Pennal yn y *passenger* a Nia fach yn y sêt gefn yn trio esbonio lle roeddwn i'n aros. Roedd y ddinas yn lle diarth iawn i hogan o Fôn ddiwedd y 70au a theg yw dweud bod Dai a Dic yn fwy cyfarwydd â lonydd culion cefn gwlad nag â ffordd ddeuol Western Avenue!

Felly dyna lle buom ni'n dreifio nôl a mlaen ar hyd yr A48, Dai a Richard Rees (y Tenor a'r Baswr) yn morio canu a finna'n trio spotio fflatiau'r myfyrwyr ar North Road. Mi gyrhaeddon ni yn y diwedd a mawr fu'r diolch i'r ddeuawd am ddod â fi adra'n saff. Ymhen blynyddoedd wedyn y sylweddolais i'r fraint o gael fy 'chauffeurio' adra i gyfeiliant dau arwr cenedlaethol.

Erbyn hyn, wrth gwrs, roedd Dai yn seren y sgrin fach a defod wythnosol imi yn blentyn oedd ei wylio'n cael hwyl efo cyplau *Siôn a Siân*, gan ganu'n iach ar ddiwedd pob sioe efo Janice Ball yn cyfeilio. Dwi'n deall bellach mai'r hyn oedd yn gwneud y rhaglen mor braf i'w gwylio oedd y ffaith fod Dai yn medru sgwrsio'n rhwydd, yn medru gwneud i bawb deimlo'n gyffordduus yn ei gwmni cyn dechrau ar y tynnu coes a'r dweud storis. Roedd *Siôn a Siân* yn cyfuno doniau Dai Llanilar yn berffaith a dyna ddechrau ar yrfa deledu ddisglair.

Yng Nghroes Cwrlwys, Caerdydd y mae'r atgof nesaf. 'Dan ni wedi cyrraedd yr 80au erbyn hyn a HTV wedi cael cartref newydd crand ar gyrion y brifddinas. I'r fan honno y ces i fynd yn 21 oed, ganol yr wythdegau, am gyfweliad i gyflwyno rhaglenni ar gyfer cynulleidfa yn eu harddegau. Roeddwn i, fel y stiwdios, yn newydd sbon danlli ac yn barod i ddysgu. Doedd dim rhaid imi edrych yn bell, roedd 'na batrwm o gyflwynwraig yn syllu arna i oddi ar furiau coridorau hirion Croes Cwrlwys. Roedd hi'n seren fawr, yn *shoulder pads* i gyd ac ar dop ei gêm. Ei henw? Elinor Jones. Roedd 'na Jones arall yn ei chanol hi yno hefyd, yn brysur yn yr Adran Adloniant Ysgafn, yn creu cymeriadau cofiadwy a rhaglenni comedi a cherddorol, yr amryddawn Caryl Parry Jones. Ac o dro i dro byddai'r trydydd Jones yn dangos ei drwyn. Dai oedd o, yn galw i mewn i ddybio rhaglenni *Cefn Gwlad* efo'r cynhyrchydd Geraint Rees. Roeddach chi'n ei glywed o'n dod o bell, yn cyfarch pawb yn llon wrth basio'r amrywiol swyddfeydd. Roedd o'n trin pawb, o'r top i'r gwaelod, yr un fath a phan welais i Dai yng Nghroes Cwrlwys, mi gofiodd yn syth am ein taith yn y car ddegawd yn gynt.

'Diawch, wyt ti'n cofio fi a Dic Pennal yn mynd â ti gytre o'r Steddfod? J O a Mabel wedi dy adel di ar y Maes ... Bachan, bachan ... Wel, be ti'n neud fan hyn, 'de?'

A dechrau sgwrsio wedyn yn llawn diddordeb. A dyna un arall o rinweddau Dai. Roedd o'n medru gwneud i bwy bynnag yr oedd o'n siarad â nhw deimlo'n sbeshal. Pwy feddylia y byddai'r seren yma yn cofio achlysur bach di-nod fel rhoi lifft adre imi? Ond roedd Dai *yn* cofio ac mi welais i o'n gwneud hynny gymaint o weithiau wrth grwydro Maes y Sioe Amaethyddol efo fo.

Roedd crwydro'r Maes efo Dai yn dipyn o gamp, cofiwch, oherwydd doedd dim modd iddo gymryd dau gam heb i rywun ddod ato am sgwrs. Roedd y cyfarchion yn dod o bob cyfeiriad: 'Shwt wyt ti, Dai?', 'Dew, Dai Jones Llanilar, sut mae'r hwyl?' a byddai Dai, yn ddi-ffael, yn oedi i siarad efo pawb. Roedd o'n nabod pawb ac yn medru cofio'r manylion bach pwysig 'na oedd yn ei gysylltu â'r unigolion, pwy bynnag oeddynt. Nid mater o ddweud rhyw 'Helô' bach ffwrdd â hi oedd hi. Na, roedd Dai yn medru cyfeirio at ddigwyddiad neu achlysur, enw'r fferm neu aelod o'r teulu, rhyw dro trwstan neu ddafad neu fustach ... Roedd o'n chwim ei feddwl ac yn medru rhoi ei fys ar yr union ddolen oedd yn ei gysylltu efo pwy bynnag ddôi draw i sgwrsio. Oedd, roedd ganddo wir ddiddordeb yn ei bobl, yn gyfaill triw i drigolion cefn gwlad ac mewn byd cyfryngol, ffug ar sawl lefel, roedd o'n medru dangos ei fod o'n ddidwyll.

Fe ddaeth yr agosatrwydd hynny yn amlwg wrth iddo gyflwyno *Ar Eich Cais* ar Radio Cymru am dros ddeng mlynedd ar hugain. Ar bapur, doedd hon ddim yn rhaglen ddylsa fod wedi gweithio. Cyflwynydd yn darllen llythyr a chwarae cân, darllen llythyr arall a chwarae cân arall ac eto ac eto, drosodd a throsodd ... Ond Dai oedd wrth y llyw, ynde? A gyda'i ddidwylledd a'i adnabyddiaeth o'i bobl, roedd o'n troi pob cais am gân yn stori. Unwaith eto, roedd o'n adnabod y llythyrwyr a'u teuluoedd, eu cefndir a'u ffermydd, a gyda'r cyffyrddiadau personol yna fe lwyddodd i daro tant yn berffaith efo'r gynulleidfa. Mae 'na hiraeth mawr am glywed y geiriau: 'Helô 'na, bobol annwyl! Shwt y'ch chi i gyd? Fi Dai sy 'ma!' ar nos Sul.

Yn y flwyddyn 2006 y daeth y cyfle imi gydweithio efo Dai am y tro cyntaf a hynny yn Sioe Amaethyddol Frenhinol Cymru yn Llanelwedd. Yn ôl pennawd y *Western Mail*, roedd 'Nia *on show* at Llanelwedd!' a'r papur yn adrodd fy mod yn '*entering unknown territory*' ac yn '*looking forward to co-presenting with Dai Jones for the first time*'.

O, oeddwn, roeddwn i'n edrych ymlaen yn fawr at gael cyflwyno rhaglen ar S4C efo arwr fy mhlentyndod, ond roeddwn i hefyd yn gwybod 'mod i'n mentro i fyd gweddol ddieithr. Ond doedd dim eisiau imi boeni dim. Roeddwn i mewn dwylo diogel a Dai yn fy mugeilio a'm hannog gydag ambell air o gyngor, coflaid a winc. Anghofia i byth mo'i gwmni yn rhoi sylwebaeth ar yr Orymdaith Fawr yn y Prif Gylch ar y prynhawn dydd Mercher hwnnw nôl yn 2006. Roedd hi'n olygfa ryfeddol a'r holl dda byw yn arllwys i mewn i'r cylch yn raddol bach. Roeddan ni'n darlledu'n fyw a finnau'n holi Dai yn dwll am yr hyn yr oeddan ni'n ei weld ac yntau'n rhannu'r stôr o wybodaeth oedd ganddo gydag angerdd a brwdfrydedd. Do, mi ges i ddysgu wrth draed Gamaliel am rinweddau'r sioe, ei stoc a'i phobl, a braint oedd cael sefyll wrth ei ochr am flynyddoedd a chyflwyno rhaglenni o'r Sioe oedd yn golygu cymaint i Dai.

Roeddan ni'n dîm o ddarlledwyr yn dod â'r gwahanol straeon o'r amrywiol gylchoedd drwy'r dydd, yn fyw i gynulleidfa S4C ac yn rhyngwladol ar y we. Roedd hyn yn rhoi pleser anferthol i Dai, a'r drefn ar ddiwedd pob pnawn oedd bod Dai a finnau yn dod at ein gilydd i ffarwelio â'r gynulleidfa gartre. Wrth gwrs, doeddan ni'n dau ddim wedi gweld ein gilydd ers ben bora a mi fasa ganddo fo bentwr o straeon i'w rhannu efo fi, ond gan fod y rhaglen yn fyw roedd hyd yr *end link* (y tamaid i gloi'r rhaglen) yn dibynnu'n llwyr ar faint o amser oedd gennym ni ar ôl ar yr awyr. Weithiau, roedd gennym ni ddau funud i'w llenwi, dro arall dri a hanner, weithiau 30 eiliad. O dan yr amgylchiadau yma, rhaid oedd torri'r gôt yn ôl y brethyn a bryd hynny roedd rhaid imi ffrwyno brwdfrydedd Dai er mwyn inni gael dweud 'Hwyl Fawr' yn dwt o fewn yr amser oedd gennym ni! Her oedd yn dod â gwên i wyneb y tîm cynhyrchu cyfan ar ddiwedd diwrnod hir o ddarlledu byw!

Dwi'n cofio diwedd un rhaglen arbennig yn 2016. Diweddglo ein rhaglen ar bnawn dydd Llun oedd hi a finnau yn ymuno â Dai yng Nghylch y Gwartheg. Roedd Prif Bencampwriaeth y Biff Unigol newydd fod a Dai wrth ei fodd bod yr Hereford wedi ennill. Erbyn imi ei gyrraedd ar y pnawn poeth hwnnw, roedd yr het wellt ar ei ben, y bochau'n goch a'r chwys yn tasgu a Dai wedi cynhyrfu'n lân!

Cofio Dai

'Wel, Nia fach ... Dyma iti brynhawn ... Clyw'r gynulleidfa 'ma! Y Tarw Henffordd! Un o wartheg bridiau ddoe yn ennill!' Roedd o ar ben ei ddigon. A fel'na dwi'n hoffi cofio Dai, ym merw pair Cylch y Gwartheg.

Ond roedd 'na ochr arall i Dai hefyd, cofiwch, a lle tawel iawn oedd Cylch y Gwartheg ar fore Mawrth Sioe 2018. Roedd y newyddion wedi'n cyrraedd bod Picton Jones, Prif Stiward Pafiliwn Ffwr a Phlu y Sioe, wedi marw ac, wrth reswm, ar y funud olaf fe newidiwyd trefn agoriadol y rhaglen. Ar amrantiad, llwyddodd Dai i dalu teyrnged o'r frest i'r bridiwr a'r arbenigwr ffowls, 'Pic yr Ieir'. Roedd y peth yn syfrdanol. Wrth ddiolch iddo, roeddwn i'n gwybod na fuasai neb arall, neb, yn gallu gwneud yr hyn a wnaeth Dai y bore hwnnw a'i wneud mor dyner a didwyll.

Fel mewn aria, roedd Dai yn gwybod sut i agor y stops a chanu 'fff' fflat owt ond roedd o hefyd yn gwybod sut a phryd i dynnu nôl a thalu teyrnged mor deimladwy ar deledu byw.

Dyna fawredd y dyn.

Oedd, roedd y Sioe yn bwysig i Dai, ond roedd Dai yn bwysig i'r Sioe hefyd. Roedd o'r llysgennad gorau allai'r Gymdeithas Amaethyddol ddymuno ei gael a byddai ei lygaid yn gloywi wrth ddatgan, 'Does 'na'm lle gwell na hwn, na Sioe well na hon yn y byd i gyd!'

Fe wisgodd Dai sawl het dros y blynyddoedd ac fe lywiodd sawl cyfres fu'n asgwrn cefn darlledu ar radio a theledu yn y Gymraeg. O Dai *Ar Eich Cais* i Dai *Siôn a Siân*, Dai *Cefn Gwlad*, Dai *Rasus* a Dai *Y Sioe*. Ond y gwir amdani yw mai dim ond *un* Dai fydd yna byth, yr unigryw Dai Llanilar. Diolch amdano.

(Dyfyniadau o gyfrol R Alun Evans, *Y Rhuban Glas. Gwobr Goffa David Ellis 1943–2000*, Cyhoeddiad Llys yr Eisteddfod Genedlaethol.)

Dai *Rasus*

Geraint Rhys Lewis a John Watkin, Cynhyrchwyr *Rasus*

Dai Llanilar – lle mae dechre? Wel, y dechre i ni oedd gweledigaeth Prif Weithredwr S4C, Geraint Stanley Jones, nôl ym 1993 i lansio cyfres rasio ceffylau gynhenid Gymreig ar drac caled newydd Tir Prince ger Abergele.

John:
Y bwriad oedd rhoi i bobl yr hyn doedden nhw ddim yn gwybod eu bod nhw eisiau a'r sialens i ni, yn yr achos yma, oedd darparu 18 wythnos o raglenni byw. I hynny lwyddo roedd rhaid cael *cymeriad* wrth y llyw a doedd neb gwell na Dai.

Oedd, roedd gan Dai ddiddordeb mewn ceffylau, cefn gwlad a phobl, roedd e'n gallu uniaethu efo pawb – ond yn fwy na hynny roedd Dai yn donic. Ac oherwydd hynny fe barhaodd *Rasus* yn un o gonglfeini'r sianel am chwarter canrif – a mae lle i ddadlau bod Dai wedi creu mwy o ddilyniant i'r gyfres na'r chwarae ei hun neu unrhyw beth wnaethon ni fel tîm cynhyrchu.

Geraint:
Yn sicr, roedd cyfraniad Dai yn gwbl allweddol wrth i ni gyfuno'r cyfarwydd a'r anghyfarwydd a rhoi'r cyfan gerbron cynulleidfa oedd ddim yn gwybod beth i ddisgwyl. Dwi'n cofio pan ddechreuon ni, mod i ychydig *in awe* o Dai. O'n i wedi tyfu fyny yn gwylio *Siôn a Siân* a *Cefn Gwlad* ac, yn sydyn reit, dyma lle o'n i'n gorfod rhoi arweiniad i un o arwyr y genedl – a finne, mae'n siŵr, hanner ei oedran e. Ond chwarae teg, buan iawn nath e ddod i 'nhrystio i a dethon ni'n ffrindiau agos iawn hyd ddiwedd ei oes. Es i ymlaen wedyn i gynhyrchu arlwy'r Sioe gydag e am 15 mlynedd ac wedyn *Cefn Gwlad* – a jyst chwerthin drwy'r cyfan. Atgofion sbesial.

John:
Roedd cyfarfodydd cynhyrchu *Rasus* yn chwedlonol. Bydde Geraint wedi treulio wythnos yn crefftio *Running Order* ac wedyn, bob pnawn cyn y rhaglen, bydde fe'n trio'i orau i fynd trwy hwnnw gyda'r tîm. Ond doedd dim gobaith caneri 'dag e, druan, achos bydde Dai yn dechre dweud storis ar ei draws e, a bydde'r cyfan yn mynd yn siop siafins llwyr – yn reiat o chwerthin am awr gyfan. O fewn dim, doth y tîm technegol i glywed am yr hwyl oedden ni'n ei chael, a stopio beth bynnag o'n nhw'n ei wneud er mwyn bod yn rhan o'r sioe – oedd hi'n Noson Lawen ganol pnawn!

Geraint:
Ac er mor rhwystredig oedd y profiad i mi, wrth drio cadw'r cyfan ar y cledrau, roedd yr hwyl o'n i'n ei chael yn talu ar ei ganfed pan oedden ni'n mynd ar yr awyr am 9 o'r gloch y nos. Roedd yn gosod y cywair fel bod y dwli a'r dagrau roedden ni'n rhannu fel tîm yn dod drosodd i'r gwylwyr gartre a'r rhaglen orffenedig yn ddim byd tebyg i'r hyn o'n

ni wedi'i chynllunio – wastad llawer gwell – ac mi brofodd hwnna'n wers fawr i mi fel cynhyrchydd ifanc.

Rhaid cofio mai rhaglen fyw oedd *Rasus* ac roedd hwnna'n dod â'i gymhlethdodau achos doedd Dai heb wneud teledu byw ers *Siôn a Siân* ryw 15 mlynedd cyn hynny. Doedd e ddim y gorau, felly, ar *TalkBack* ac o'r herwydd roedd darlledu byw gyda Dai weithe fatha gyrru car â'r brêcs neu'r olwyn ddim cweit yn gweithio'n iawn – a finne'n gorfod dweud wrth y tîm 'mod i ddim yn siŵr lle oedd Dai yn mynd â ni nesaf: 'Hold on, bawb, *just go with it*.' Ond rhywsut, rhywfodd bydden ni'n glanio ar ein traed bob tro. Roedd gan Dai y gallu i gael getawe ag unrhyw beth – dawn gynhenid i ddod allan o dwll. A dweud y gwir weles i erioed neb gwell na Dai am ddod allan o dwll!

John:
Dwi wastad wedi mynnu mai *fun factory* yw teledu i fod – os oedden ni'n joio bydde'r gwylwyr hefyd. Os nag yw e'n hwyl dyw e ddim werth ei neud a dyna pam dwi'n teimlo nad ydw i wedi gweithio diwrnod erioed! Roedd *Rasus* yn lot o sbort ac i Dai mae'r diolch am hynny.

Geraint:
Finne 'run fath â ti, John. Roedd gweithio gyda Dai ar *Rasus* fatha job haf yn gwerthu hufen iâ – pedwar mis rownd y wlad yn rolio chwerthin ac o'n ni'n cael ein talu. Braint os buodd crioed!

John:
Tric mawr Dai oedd ei allu rhyfeddol i ymwneud efo pawb. Mae teledu yn gallu bod yn broses chwithig weithie ond roedd Dai yn gallu chwalu'r broses. Roedd gwres ei

bersonoliaeth yn cael y gorau mas o bawb, fel bod pobl yn ymlacio'n llwyr ac yn anghofio eu bod nhw'n cael eu ffilmio. Dwi'n cofio y *Rasus* cyntaf a'r rhaglen yn gorffen gyda Dai yn cyfweld â pherchennog y ceffyl buddugol, McGuigan o Ogledd Lloegr, ac yn troi at ŵyr Bob Lee a holi:

'*Is McGuigan a good horse?*'

'*He's the best,*' medde'r bychan.

Ac roedd y wên ar wyneb Dai yn adrodd cyfrolau. O'n ni fel cynhyrchwyr yn gwybod bod gynnon ni rywbeth sbesial iawn ar ein dwylo.

Geraint:
Roedd gan Dai ffordd gyda phobl. Roedd e'n tiwnio mewn i gymeriad rhywun, weithie trwy eu hacen – a bydde Dai'n troi'n Gocni neu'n Wyddel ar amrantiad ac yn tynnu pobl ato fe a nhwthau, yn sydyn reit, yn agor lan. Dwi'n cofio Dafydd Elis-Thomas yn dweud ar y pryd mai Dai Llanilar oedd yr holwr gore ar S4C. Dwi'n amau mai beth oedd e'n meddwl oedd bod Dai yn sgwrsio'n naturiol gyda phawb, yn hytrach na gwneud cyfweliad (fel y byse fe, boed yna gamera yno ai peidio). Felly, roedd e'n cael y gorau mas o bawb a ninnau fel gwylwyr yn dysgu cymaint mwy amdanyn nhw. Syml ond clyfar.

John:
Yn nyddie cynnar *Rasus* bydde pobl yn teithio yr holl ffordd o bellafoedd sir Benfro a Cheredigion i Tir Prince just i weld Dai – a fe wrth ei fodd yn estyn croeso iddyn nhw i gyd. Roedd cymaint o bobl ishe gweld Dai fel bod cadw trefn arno fe'n anodd weithie, ond chwarae teg iddo, roedd gynno fe amser i bawb. Hyd yn oed pan aeth S4C yn ddigidol a *Rasus* yn teithio i wneud rhaglenni o Efrog, Musselburgh yn yr Alban, y Derbyshire Dales ac Iwerddon,

roedd pobl yn dal i nabod Dai ymhob man – *'Racing boi, how are ya?'*

Buodd erioed well llysgennad i'r achos na Dai Llanilar.

Geraint:
Ac roedd 'dag e'r gallu i roi'r argraff ei fod e'n nabod pawb – ond falle'i fod e! Dwi'n cofio y tro cyntaf erioed i S4C ddarlledu yn fyw o'r Sioe, ganol y 90au, a finne'n cyfarwyddo Dai yn fyw o Gylch y Defaid. Tîm bach iawn oedden ni – dim byd fel y peiriant sy gynnon ni dyddie 'ma – 'mond un camera a Dai ar ei ben ei hun yn sylwebu ar bymtheg dafad a'u tywyswyr. Roedd gynno fe stori am bob dangoswr a hanes pob dafad ac mi wnaeth ddeg munud o deledu cwbl wefreiddiol. Dwi'n cofio meddwl ar y pryd – Waw, 'sa neb arall yn y byd wedi gallu gwneud hynna!

A weithie, achos bod Dai yn gwneud y pethe 'ma mor hawdd, mae peryg anghofio mor dda oedd e – ond fel'na ma pobl sydd ar ben eu gêm. Ti ddim yn gweld yr ymdrech achos bod nhw'n neud i bopeth ymddangos mor hawdd – ond credwch chi fi, tydi e ddim! Tu nôl i'r dwli roedd 'na feddwl craff a chlyfar iawn ar waith.

John:
Ac roedd e'n gwic – roedd cymaint o enghreifftiau dros y blynydde. Len Bach oedd tipster y gyfres – *'Len Bach, allet ti ddim tipo blydi whilber…'*

Megan Taff, merch Alun Ynys, un o fêts mawr Dai oedd seren y gyfres. Dwi'n cofio Dai yn rhoi sws iddi ar ôl ennill Tregaron am y tro cyntaf ac wedyn pan ddoth hi i'r stiwdio yn fwd i gyd ar ôl ennill ras arall yn Tir Prince, Dai yn ei chyfarch hi fel hyn: *'Megan, bydd gen ti waith golchi fory!'*

Heb anghofio'r cymeriadau cefn gwlad yr oedd Dai yn mwynhau cymaint yn eu cwmni – y chwedlonol Trefor Home Caff a'i *chest* blewog yn destun trafod un tro:

Trefor – 'Dai, o's dim blew ar dy *chest* di, achan?'

Dai (wrth bwyntio at ei wallt) – 'Nag oes, Tref, ma Duw wedi'i roid e lle ma fe fod!'

Trefor – 'Hahhahaha.'

Geraint:
Tua diwedd cyfnod Dai ar *Rasus* fuon ni'n ddigon lwcus i deithio i'r Little Brown Jug a gwyliau rhyngwladol eraill er mwyn dod â'r gorau o'r byd rasio i'r gwylwyr. Bydde gan Dai y gallu wrth wneud darn i gamera, nid yn unig i gofio ffeithiau am ble oedden ni, ond hefyd i gadw pethe'n berthnasol i'r bobl gartre, gan ychwanegu dôs o hiwmor i godi gwên. Dwi'n cofio ffilmio cyfarfod rasio ar lyn wedi rhewi yn St Moritz yn y Swistir a Dai a Wyn Gruffydd, dau digon nobl, yn cyrraedd yn eu car a Dai yn troi at y camera, yn ei ffordd ddihafal ei hun, gan ddweud:

'Ni wedi cyrraedd llyn St Moritz – ma'n nhw'n dweud bod y llyn yn iawn tan ddiwedd Ebrill. Gyda fi a Wyn Gruffydd yn y car, mae gen i'n amheuon – gobeithio fydd e'n iawn tan ddiwedd pnawn!'

John:
Seland Newydd 2005 yw'r un sy'n sefyll allan i mi a ninnau ar ein noson gyntaf yn Auckland, ar ein ffordd nôl i'r gwesty ar ôl bod mewn noson Maori draddodiadol. Cododd Dai ar ei draed a dechre dweud jôcs wrth bawb oedd ar y bws – cynulleidfa ryngwladol oedd hon, nid dim ond Cymry, ond o fewn dim roedd pawb yn eu dagrau, i'r fath raddau fel iddyn nhw fynnu bod gyrrwr y bws yn

mynd rownd Auckland yr eildro er mwyn parhau'r Noson Lawen impromptiw. Oedd y noson hynna'n profi y gallai Dai wedi bod yn dalent fyd-eang.

Geraint:
Ar diwedd y trip hwnnw roedd Ffeinal yr Inter Dominion Championships rhwng ceffylau gore hemisffer y de neu yng ngeirie Dai: 'Noson y cythraul canu rhwng Awstralia a Seland Newydd.' Y bore cynt roedden ni wedi codi gyda'r wawr i ffilmio paratoadau funud olaf Elsu, ffefryn Seland Newydd a Dai yn tuchian wrth yr hyfforddwr, Geoff Small, ei fod e mond wedi cael amser i gael Continental Breakfast (neu 'Controversial Breakfast', chwedl Dai). Y noson ganlynol enillodd Elsu y ras fawr ac yng nghanol miri'r dathlu dyma Geoff Small yn cofio am anffawd Dai gan holi, '*Did you ever get your breakfast after all yesterday?*' Roedd Dai wedi cael modd i fyw – hyd yn oed yn ei awr fawr, roedd brecwast Dai ar feddwl Pencampwr Seland Newydd!

John:
A nid dyna ddiwedd y stori, achos pwy ddoth i gyflwyno'r Cwpan wedyn ond Prif Weinidog Seland Newydd. Nath hi *beeline* yn syth at Dai. Roedd hi wedi'i adnabod e ac eisiau estyn croeso iddo fe a'r Cymry gan ddymuno pob lwc i ni yng ngêm y Grand Slam fore trannoeth.

Geraint:
Oedd, roedd Dai yn gadael ei farc lle bynnag oedd e'n mynd. Pan aethon ni i Sêl Harrisburg yn America i brynu caseg fagu i'r diweddar Glyn Maesllyn Tregaron, nath Dai gymaint o argraff ar yr enwog Hanover Shoe Farms nes iddyn nhw benderfynu enwi ceffyl blwydd ar ei ôl e – Dai

Jones Hanover. Aethon ni nôl ymhen blwyddyn i weld hwnnw'n cael ei werthu am $89,000!

Do, gethon ni dipyn o sbort dros y blynydde ac wrth fynd yn ôl trwy'r archif roedd hi'n braf dod ar draws clip o Dai lle mae e'n clodfori'r cyfnod hefyd:

"Swn i'n gorfod defnyddio un frawddeg i grynhoi fy nheimladau personol i am *Rasus* ... mi roedd e'n rhan o 'mywyd i y byddwn i byth ishe ei anghofio ... ac os gâi fyw yn hen foi, a bod Ifan ishe mynd i dorri'i wallt neu rywbeth ryw ddiwrnod, falle gai'n job nôl.'

John:
Mae'r lein yna'n dweud y cyfan am Dai. Y gallu i ddweud pethe mawr mewn ffordd gymharol ffwrdd â hi. Gwerinwr diwylliedig oedd yn hoffi bach o sbort, dyna oedd Dai. Dyn oedd yn nabod a dwlu ar ei gynulleidfa – a phrin gawn ni neb yn gwneud gwell job o ymgorffori beth ydan ni fel Cymry na Dai Jones Llanilar.

Geraint:
Sut mae crynhoi Dai? Wel, falle mai trwy ddweud diolch am fedru cydweithio ag e am bron i ddeng mlynedd ar hugain a dysgu cymaint. *One off* oedd Dai – un â'r gallu i dorri pob rheol a chael getawe bob tro. 'Gad mi drio hon,' fyddai e'n dweud, ac roedd hi wastad er gwell.

Dwi'n cofio Dai'n sôn yn aml nad oedd dim gwell ganddo nag ocsigen chwerthin a dyna'r atgof fyddai'n trysori ohono, y gallu i orffen pob sgwrs gyda jôc a gadael pawb mewn lle gwell. Diolch am gael ei adnabod, a chael bod yn rhan fach o'i stori. Welwn ni byth mo'i debyg eto.

Fydd 'na ddim un arall

John Cwmbetws Davies

'Pwy sydd wybod, falle ryw ddiwrnod mai ti fydd y Dai Llanilar nesaf.' Dyna eiriau fy mam i finnau nôl yn 1984 pan lwyddais mewn *screen test* i fod yn gyd-gyflwynydd ar *Pentymora*, cyfres newydd ar y sianel am weithgarwch Clybiau Ffermwyr Ifanc yng Nghymru. Roedd Dai yn arwr oesol i fechgyn cefn gwlad y cyfnod. Yn wir fe oedd yr eicon perffaith, yn dod o gefndir stabl y Mudiad Ffermwyr Ifanc ei hun ac yn medru dweud stori fel bod pawb yn ei deall hi.

Dechreuodd ein cyfeillgarwch yn gynnar yn yr 80au a finne yn cynrychioli CFfI sir Benfro mewn cystadleuaeth Siarad Cyhoeddus dan 21 oed; yn beirniadu yn y Drenewydd oedd y cyn ffermwr ifanc o Lanilar, Dai Jones, neu fel o'n ni yn ei adnabod y pryd hynny, 'Dai Siôn a Siân'. Fe fu yn hynod o garedig i mi'r diwrnod hynny gan fy nghoroni fel pencampwr Siaradwr Unigol y gystadleuaeth. I ddyfynnu'r dyn ei hun, 'Ma hwn yn galler parablu cystal â fi.' Oedd clywed y fath ganmoliaeth wrth y 'maestro o super star' cystel ag ennill y Loteri i fachgen ifanc oedd yn dringo ysgol hunanhyder ar y pryd. A dyna oedd un o briodoleddau mwyaf Dai, sef y ddawn i wneud i chi deimlo fel 'million dollars'. O'r diwrnod hynny yn y Drenewydd, fyddai Dai yn fy adnabod a fy nghyfarch beth bynnag yr amgylchiadau a lle bynnag oeddwn i yn y byd. Prin yw'r bobol yn ein byd heddiw sydd yn barod i roi amser i gyfarch ac i wrando ar eraill. Roedd gan Dai o hyd amser i bawb.

Bu cyfraniad Dai ac Olwen yn lluosog ar y naw i Fudiad y Ffermwyr Ifanc ac yn arbennig iawn i'w milltir sgwâr yng Nghlwb Llanilar. Roedd y ddau fel finnau yn gweld ac yn deall nerth a gwerth y mudiad i gannoedd o bobol ifanc oedd yn elwa mwy ar yr addysg anffurfiol yma, o ran cyfleoedd a sgiliau, nag oedden nhw yn yr ysgol. Dysgu trwy wirfodd, dyna mae Clybiau Ffermwyr Ifanc yn ei roi i chi trwy baratoi 'Gwladgarwyr da, Ffermwyr da a Dinasyddion cydwybodol y dyfodol'. Roedd Dai yn ddi-os yn un oedd ar ei ennill, diolch i Brifysgol y Ffermwyr Ifanc.

Fel y bedwaredd genhedlaeth o ffermwyr ar dir Cwmbetws braint ryfeddol oedd cael fy ethol yn Gadeirydd Cyfarwyddwyr Bwrdd Rheoli Cymdeithas Amaethyddol Frenhinol Cymru. Mewn rôl o'r fath, rydych yn ddibynnol ar ddoethineb a chefnogaeth y rhai hynny o'ch amgylch. Fe fu nifer yn gefn i finnau yn y cyfnod, ac rwy'n hollol ddyledus iddynt am eu parodrwydd i siarad o blaid synnwyr cyffredin. Hefyd yn eu plith fel aelod o'r bwrdd yn y dyddiau cynnar oedd Dai, pan oedd yn Llywydd Anrhydeddus ac amlwg y Gymdeithas. Fe fu'n genhadwr naturiol i'r achos ac roedd wrth ei fodd yn theatr y diwydiant amaeth. Bydded yng nghornel y cylch gwartheg neu yn y Ffair Aeaf, fe fu Dai yn wyneb ac yn llais cyfarwydd a chyfeillgar y Sioe flynyddoedd cyn iddo gymryd y Llywyddiaeth. Yn 2004 cafodd y Gymdeithas y fraint o gydnabod cenhadwr mwyaf effeithiol cefn gwlad, pan gyflwynwyd i Dai Oscar y Gymdeithas, sef Gwobr Goffa Syr Bryner Jones, am ei gyfraniad oesol i faterion gwledig a chefn gwlad Cymru.

Fydd 'na ddim un arall

Roedd Dai ac Olwen yn ddewis naturiol ac amlwg i'w cyd-Gardis, i'w harwain yn un o'r ymgyrchoedd mwyaf llwyddiannus yn hanes trefniant Sir Nawdd y Sioe. Fe fu'n grefftus wrth fynd â Llanelwedd i Geredigion ac ar yr un pryd cyflwyno sir Aberteifi i galon y Gymdeithas. Roedd Dai yn berchen ar ddawn naturiol i fynd â phobol gydag ef, hyd yn oed pan oedd angen i Gardi waredu ei gyfoeth er lles achos da y 'Royal Welsh'. Pan oedd Dai mewn cinio ac yn arwerthu, peryg oedd hanner edrych tuag ato, neu byddech yn dod adref â thei neu botel am chwe gwaith eu gwerth i'w rhoi mewn cwpwrdd oedd yn llawn yn barod o deis a photeli! Cwpled Y Prifardd Ceri Wyn Jones sydd yn dal y cyd-destun:

Nid yw dwrn y Cardi'n dynn
A'i gyfoeth pan fo'r gofyn.

Yn ddigamsyniol fe fu Llywyddiaeth Dai ac Olwen yn un gynhyrchiol ac yn anfesuradwy o lwyddiannus a phoblogaidd. Dim rhyfedd fod yna hwyl a naws anhygoel yn Sioe'r Cardis yn 2010, sioe yn llawn cyfeillgarwch, a thystiwyd i Sioe'r Bobol yn ei gwir ystyr. Allech chi ddim disgwyl llai, y Sioe oedd ei gyrddau mawr a chornel y cylch gwartheg oedd ei bwlpud. Dyna pam rwyf yn angerddol dros weld cydnabyddiaeth deilwng i goffáu Dai a'i gyfraniad i gefn gwlad Cymru. Fe fyddai cofeb o'r fath hefyd yn dynodi cydnabyddiaeth o'r brethyn pwysig hynny sydd yn cynnal y Sioe a'r Gymdeithas o ddegawd i ddegawd, sef gwerin cefn gwlad, y bobol hynny roedd Dai wedi eu hanfarwoli dros y degawdau. Roedd Dai yn gennad naturiol dros ddeiliaid cynhenid gwledig, a phwy well i anfarwoli a dathlu eu cyfraniad i'r sioe na Dai ei hun? Roedd Dai yn greadur gweledol, o hyd o flaen

127

camera ac ar ein sgrin, yn bresennol ym mhob man. Pob rheswm felly dros ddweud bod rhaid dathlu ei gyfraniad ar ffurf cofeb weledol. Gobeithio'n wir y bydd Cofeb Dai yn dal y cymeriad, ond yn bwysicach fyth yn cynrychioli popeth roedd Dai yn ei weld yn y werin wledig.

Bu Dai, Geraint Rees a chriw HTV yn flaengar yn creu cronicl i'r genedl wrth iddynt fabwysiadu'r syniad o raglen awr ar bob Sir Nawdd y Sioe Fawr yn ei thro. Dros gyfnod o dair blynedd ar ddeg fe wnaeth Dai a chriw *Cefn Gwlad* ddal bywyd fel yr oedd ym mhob un o'r siroedd nawdd. Cofnod amser sydd yno am byth ac yn rhan o gof y genedl. Fe ddaeth i Gwmbetws yn 2007 pan oedd sir Benfro yn noddi, ac roeddwn wedi cael yr uchel fraint o agor y Sioe. Gwneud cyfweliad gyda Dai o gaeau uchaf y fferm gyda Dai yn cyfeirio at yr olygfa odidog o fae Ceredigion. Finnau yn ymateb, 'Ti'n iawn, Dai, dwi'n edrych lawr bob dydd ar sir Aberteifi'. Dai â'i ymateb chwim, 'Cut, sneb yn edrych lawr ar y Cardi'! Pawb yn eu dwbl a finnau wedi ei ddweud yn fwriadol i weld pa ymateb fyddai gan y cyflwynydd profiadol – wnaeth e ddim siomi.

Mae'r gyfres dros dair ar ddeg o'r siroedd nawdd yn amhrisiadwy i gof Cymdeithas y Sioe ac i lyfr hanes cefn gwlad. Wrth dderbyn tlws Er Cof am Dai yn Sioe 2022, wnes i herio swyddogion ac awdurdod presennol S4C i sicrhau bod y cronicl yma o gyfres yn cael ei lle priodol a diogel yn archif y sianel. Mae 'na ddyletswydd foesol ar y sianel i gadw cofnod pwysig a gwerthfawr o berl o gyfres. Roedd *Cefn Gwlad* dan lywyddiaeth Dai yn gyfle euraidd i ymestyn dealltwriaeth a gwerthfawrogiad y genedl o'r cyfredol ac o'r gorffennol ac ystod eang o weithredoedd gwledig. Fe wnaeth Dai ddal y gorau o'r presennol, yr unigolion hynny oedd ac sydd yn dal ar dop eu gêm wrth gynnal y winllan a roddwyd i'w gofal. Hefyd wnaeth ddal cymeriadau unigryw o ddechrau'r ganrif flaenorol, fel y ddau frawd, Jack a Dai Arthur Abergwesyn. Ond wrth gwrs mae cyfraniad Dai yn ymestyn i bob cornel o Gymru, bydded trwy ffilm, sain neu gân. Yn naturiol i ni bobol y Preselau, roedd rhaglen *Y Pedwar Tymor* yn enghraifft arall o unigolyn oedd yn adnabod ei destun, ei dirwedd, a'i bobol.

Roedd cyfres *Cefn Gwlad* yn fwy na job o waith iddo, roedd Dai yn hollol angerddol ac yn gydwybodol o ran yr angen i'r gyfres gyflawni amcanion y Sianel. Yn ystod fy nghyfnod o ddegawd fel aelod o fwrdd a phwyllgor cynnwys Awdurdod S4C, fe fyddai galwad ffôn reolaidd yn dod o gyfeiriad Berthlwyd a'r cwestiwn bob tro oedd, 'Odi nhw yn hapus â *Cefn Gwlad*? Ti'n meddwl bod nhw'n dechrau cael digon arni?' Yr ateb bob tro o Gwmbetws oedd, 'Dim byth!' Fe fu Dai yn ei gyfnod yn un o wynebau mwyaf cyfarwydd ac amlwg S4C ar draws y byd. Fe fu yn genhadwr effeithiol i gynnal statws y Sianel ymhlith y Gymdeithas Ddarlledu ar draws gwledydd Prydain. O wleidyddion i'r teulu brenhinol, roedd pawb yn adnabod Dai, a thrwy hynny roedd pawb yn cydnabod S4C. Fe fu ei gyfraniad i'r sgrin a darlledu yng Nghymru yn doreithiog. Pwy arall fyddai yn medru sylwebu ar y grefft o drotian ar ddydd Iau a chyflwyno *Ar Eich Cais* dridiau yn ddiweddarach, a gwneud hynny gydag urddas a chof eliffant?

Ni chwrddais erioed â neb oedd yn berchen ar gof fel Dai, bydded am linach Cobyn Cymreig neu hanes teulu yn ymestyn nôl dros genedlaethau. Roedd ganddo feddwl chwim a llygad siarp. Yn yr amser fyddech chi'n meddwl am enw i gyfarch rhywun, fyddai Dai wedi eu henwi. Ond wrth gwrs roedd yna un achlysur yn y Sioe

wrth iddo gyd-sylwebu gyda'i ffrind oesol Charles Arch
... Roedd Charles wedi gadael y blwch sylwebu yn gynt
pan wnaeth y Dywysoges Anne gerdded i mewn i'r Prif
Gylch. Dai oedd wrth y meic pan gafodd gyfarwyddyd i
groesawu ei mawrhydi. Hyd yn oed i un oedd yn berchen
ar lyfrgell o gof, ni ddaeth y cyfarchiad cywir i'w enau
wrth iddo groesawu 'Mrs Phillips' i'n plith. Fe fu honna yn
ddigwyddiad a saif yng nghof y werin a mawrion y Sioe.
Dim ond Dai fyddai yn medru dod bant â digwyddiad o'r
fath.

Bu llwyfan y Noson Lawen yn blatfform caredig i
finnau fel oedd i nifer o gyfranwyr lawr gwlad. Bydded yn
gyfres deledu neu noson hwylus mewn neuadd bentref,
roedd rhannu llwyfan gyda Dai o hyd yn bleser ac yn
sbort. Mae 'na nifer o uchafbwyntiau, ond roedd Cyngerdd
Hen Galan 2011 yn Theatr y Gromlech y Preseli yn noson
i'w chofio, Dai ar dop ei gêm, yn nabod ei gynulleidfa i'r
filimetr ac yn rhannu llwyfan gyda'r bytholwyrdd Hogia'r
Wyddfa. Dai heb unrhyw rybudd yn ymuno gyda'r hogiau
i ganu 'Safwn yn y Bwlch' gyda'r gynulleidfa doreithiog
ar ei thraed, mewn gwerthfawrogiad ac edmygedd. Dai ar
ddiwedd y noson yn cydnabod oed yr hogiau a'i hun trwy
ddweud, 'Dewch, fois, ma Mêtron wedi dweud fod rhaid i
ni fynd nôl i'r Cartref.'

Drwy gyfrwng y gyfrol yma cawn gyfle i ganmol ac
i glodfori Dai'r darlledwr toreithiog a'r perfformiwr
graenus. Ond wrth wneud hynny rhaid hefyd gydnabod
Olwen, ei wraig ffyddlon a fu ei 'graig yr oesoedd'. Mae
arnom fel cenedl ddyled enfawr i'r ddynes weithgar a
diwyd yma am ganiatáu i ni oll gael darn o Dai yn ein
bywydau. Tra oedd Dai yn cyflawni o flaen y camera ac
ar lwyfan, Olwen gyda chefnogaeth eu mab John oedd yn
torchi llawes dros gynnal crefft a chariad cyntaf Dai fel

mab y pridd. Wrth i Dai ddeall pob creadur o Gobyn, i wartheg, i gi, Olwen oedd yn sicrhau fod rhythm tymhorol Berthlwyd yn cael ei gynnal.

Mae cyfeillgarwch ehangfryd yn cyfoethogi bywyd pob unigolyn, ond roedd medru dweud bod Dai Llanilar yn gyfaill cyfarwydd y genedl yn dweud y cyfan am apêl eang y ffarmwr a'r perfformiwr o Lanilar. O sir Aberteifi i Lundain, roedd y Cocni o Gardi yn berchen ar y ddawn angerddol ac amhrisiadwy o fedru siarad ac uniaethu â phawb. Yn bwysicach roedd pawb o bob oed am gyfarch Dai ac fe fyddai yr un, boed mewn mart, sioe, treialon cŵn defaid, capel neu yn Regent Palace Llundain. Yr un Dai ar sgrin ond yn bwysicach fyth yr un Dai oddi ar y sgrin. Beth oeddech yn ei weld ar y sgrin oedd yn gwmws beth oeddech yn ei gael yn y cnawd. Cynhesrwydd a llif o hiwmor chwim llawr gwlad. Dwy droed yn solet ym mhridd sir Aberteifi.

Y Dai Llanilar nesaf? Fydd 'na ddim un arall; oherwydd dim ond un Dai a droediodd y ddaear wledig hon, daear a garodd o'i ben i'w sawdl a hwnnw yn sawdl lletwith ar y naw! Dai oedd Archdderwydd corlan amaeth, yn bencampwr cefn gwlad ac yn bensaer geiriol heb ei ail. Diolch am y fraint o rannu amser, stori a chân yn ei gwmni. Coffa da am un o fawrion y genedl, y peth gorau i ddod allan o Lundain erioed ac yn ddi-os mab enwocaf Llanilar.

Gair i gloi

Beti Griffiths

Cyn i Celine a Rhodri briodi gofynnodd Dai a fedrwn i ddweud gair ar ei ran ef ac Olwen yn y wledd briodas ar Awst 21, 2021 yn Nhyglyn Aeron. Roedd llesgedd erbyn hyn wedi goddiweddyd Dai, druan. Soniais wrth Tudur Dylan a gyda help ei dad fe ddaeth y perl hwn:

    Daeth dydd o lawenydd i'n teulu
    Daeth gwawr o oleuni i'n byd,
    O'ch clywed yn rhoi'r addewidion
    Yn ernes o'ch bywyd ynghyd,
    Cofiwch roi gwên yn y galon
    A chysur wrth gydio mewn llaw
    A byddwch yn angor i'ch gilydd,
    I wynebu pob fory a ddaw.

    Diolch, Celine, am dy ofal
    Bob amser amdanom ni'n dau,
    A gwyddost, 'rhen gariad, tra byddwn,
    Na chei di'n drws ninnau ar gau.
    Rhown groeso lond gwlad i ti, Rhodri,
    Mae'n wych fod y pridd dan dy draed,
    Fod ffermio yn nerth yn dy ddwylo
    A Chymru yn llif drwy dy waed.

Pan fyddwch yn yfed llwnc-destun,
A phan gewch chi flas ar y bwyd.
Bydd cynhesrwydd eich cariad a'ch cwmni
Yng nghalon y ddau o Berthlwyd.
Ag Awst wedi'ch dwyn at eich gilydd
Yn awr i wneud cartref o dŷ –
Anfonwn ein llongyfarchiadau
A chariad TADCU a MAMGU.

        John Gwilym a Tudur Dylan Jones

Hefyd o'r Lolfa:

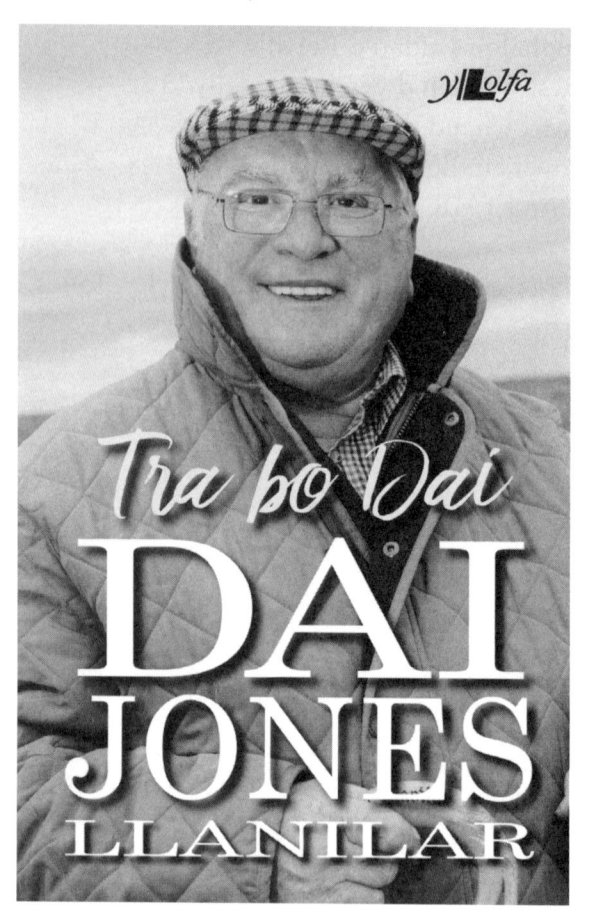

Tra bo Dai

DAI JONES LLANILAR

£9.99

CYFRES TI'N JOCAN

hiwmor
DAI JONES

£3.95

Crefftwr Cefn Gwlad

ATGOFION

ARTHUR GWYNN JONES

£9.99

GERAINT H. JENKINS

HIWMOR Tri Chardi Llengar

Moc Rogers, Tegwyn Jones a Hywel Teifi

y Lolfa

£8.99

O'r Dair Direidus

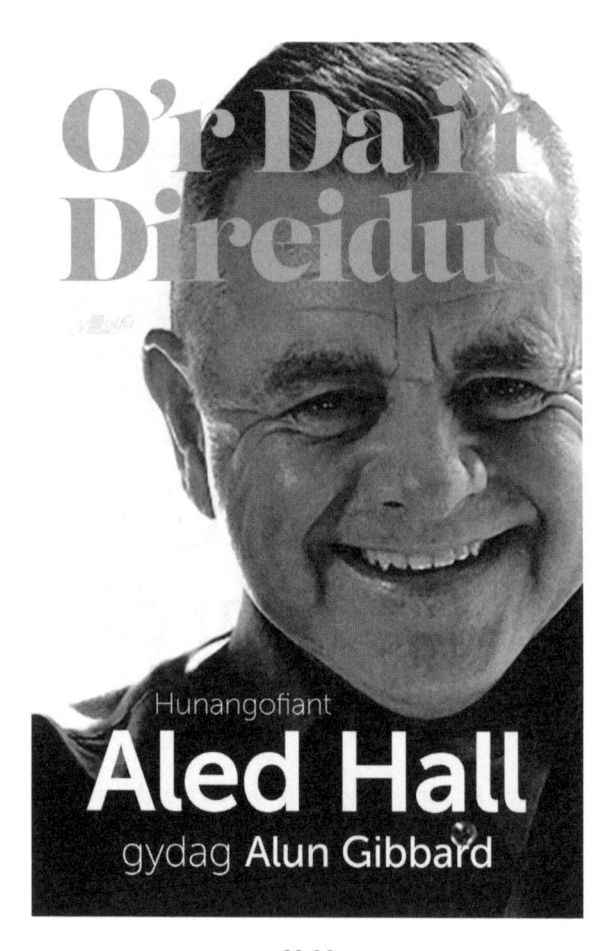

Hunangofiant
Aled Hall
gydag **Alun Gibbard**

£9.99

HUNANGOFIANT
ALED WYN DAVIES
O'r gwlân i'r gân

£12.99

Life Beneath The Arch

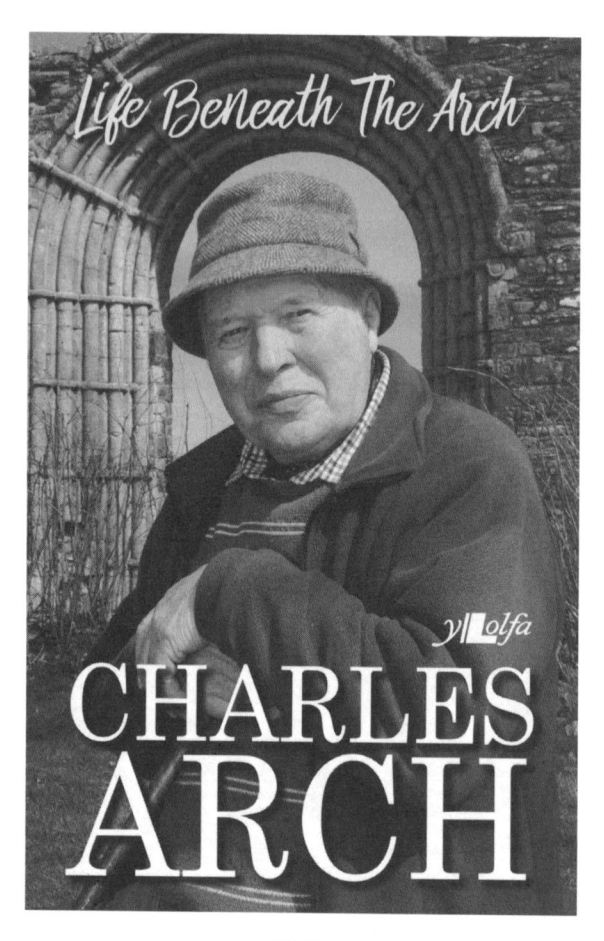

CHARLES ARCH

y Lolfa

£9.99

y Lolfa

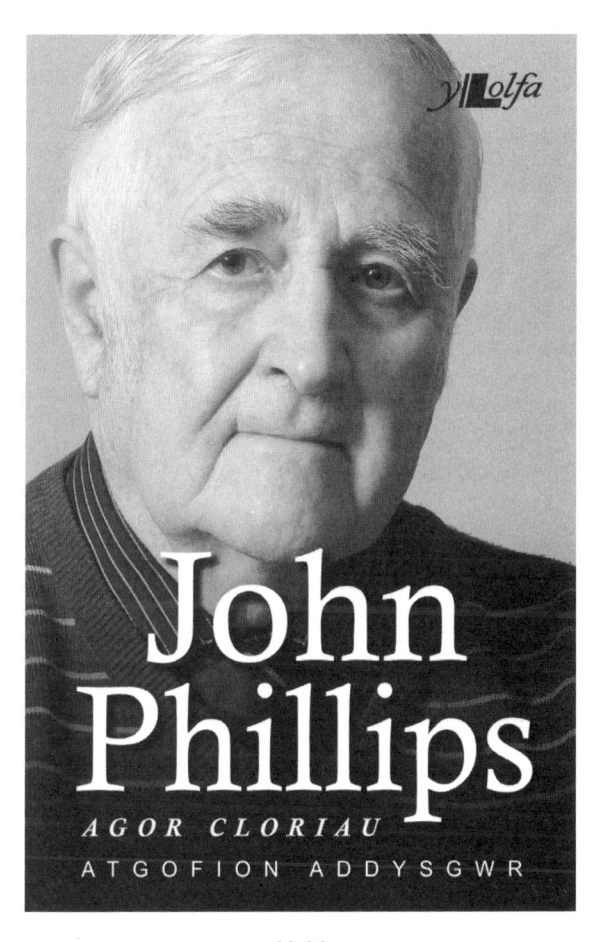

John Phillips

AGOR CLORIAU

ATGOFION ADDYSGWR

£9.99

CYMRU DDOE
Mewn Lliw a Llun

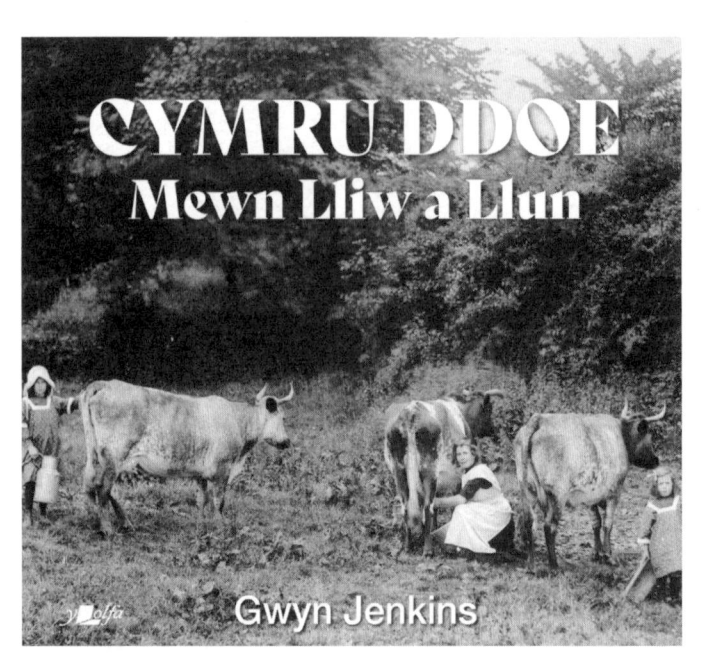

Gwyn Jenkins

£19.99